나의 인생
나는
나대로
산다

지금 행복하고
여기서 즐거워야

나의 인생
**나는
나대로
산다**

조용호
지음

젊지도, 늙지도 않은
아직은 뜨거운 청년의
심장이 고동치는
'젊은 시니어'의 이야기

인생은 지금 행복하고 여기서 즐거워야 한다.
행복은 미뤄서도 저축해서도 안 되며
당장에 써먹어야 한다.
먹고 싶은 것 먹고, 보고 싶은 것 보고,
가고 싶은 곳 가고, 여유 있고 재미나게 살아야 한다.

바른북스

· 프롤로그 ·

나를 믿고 더욱 즐겁고
당당해지기를

68년을 살아오면서, 나이가 들었다고 해서 특별히 달라진 것은 없다. 그냥 '내가 어느새 이렇게 나이가…' 하는 생각뿐이다. 마음은 여전히 청춘이다. 지나온 세월을 되돌아보니 아쉬움이 남는다. 그러나 그 아쉬움에 미련을 두고 있다면 여생이 힘들어진다.

나머지 인생을 어떻게 살아야 될까? 내가 나 자신에게 던지는 물음이다. 답은 '나대로 살자'이다. 내 식대로, 내 멋대로 당당하게 살아보자는 것이다. 1955년 이후 태어난 베이비 붐 세대들은 전쟁 후 어려운 형편에서 조국이 세계 10대 선진국 반열에 들어가는 데 수고를 아끼지 않았다. 앞만 보고 뛰어왔다. 나 자신에게 할애할 시간적·정신적 여유가 없었다. 이제 그들은 장년이 되어 아마도 자신의 시간을 되찾고 싶은 욕망이 있을 것이다.

나는 늘 나이가 들어도 멋있게 들고, 나의 생각대로 거리낌 없이 살고 싶다. 별 눈치도 볼 것도 없고, 솔직히 말해 눈치를 볼 나이도 아니다. 내 마음대로 생각하고, 행동하고, 사랑하고, 머물고, 떠나고, 사귀고, 책 읽고, 취미 활동 하고, 여행하고, 운동하고, 배우고 싶다. 또한 춤추고, 노래하고, 고함지르고 싶다. 천지 만물의 모든 행동 중 가장 하고 싶은 것만 골라 내 멋대로 해보고 싶다.

영화 〈버킷리스트〉에서 주인공들이 가장 먼저 한 것이 공중 스카이다이빙이다. 나도 그러한 영화의 주인공이 되고 싶은 욕구가 있다. 어느 날 갑자기 내가 돈이 있어도 재미있게 쓸 날이 그렇게 많지 않다는 것을 깨닫게 되었다. 내 몸에 지병이 있어서가 아니다. 한국인의 평균 남자 수명은 80세쯤 된다. 그렇다면 불과 10여 년, 많지 않은 시간이다. 100세가 중요하지 않다. 활발히 움직이며 재미있게 살 날을 따져보아야 한다.

'나대로' 산다는 의미는 무엇인가? 나의 생각대로 산다는 것이다. 아침부터 저녁까지 생의 중심이 나에게 있다는 신념으로 즐겁고 당당하게, 멋있게 사는 것이다. 젊지도 않고 그렇다고 영 나이 든 시니어도 아니고, 아직은 마음만은 혈기가 왕성한 '젊은 시니어', '젊은 오빠'이다.

유유자적하되 마음이 늙으면 곤란하다. 느슨해져서도 곤란하다. 세상의 모든 사물은 내가 하기 나름이다. 모든 것이 나에게 달렸다. 직장을 나와서 '심심하다'고, '할 일이 없다'고 처져서는 곤란하다. '쉬면 늙는다(If I rest, I rust)'.

누차 강조하지만 인생의 행복은 멀리 있는 것도, 저축하는 것도 아니다. 지금, 바로 여기에 있다. 인생의 즐거움과 행복은 바로 오늘, 오늘 즐기고 성취해야 한다.

돈이 없다고, 아프다고 주눅이 들 필요는 전혀 없다. 나는 나대로의 멋과 낭만과 여유가 있다. 잘 생겼고 아름답다. 나 자신만 그것을 모를 뿐이다. "당신은 당신이 생각하는 것보다 아름답다(You are more beautiful than you think)"는 말을 기억해야 한다.

나라는 존재는 이 세상에서 나 혼자뿐이다. 나를 믿고, 소중하게 생각해야 하고, 스스로 지켜야 한다. 인생의 황금기는 65세부터라고 한다. 그 중심에 내가 있다. 당당하고 즐거워야 한다. 그렇게 못할 아무런 이유가 없다.

그 옛날 황진이는 한세상 멋지게 살고, 저세상에 갈 때는 춤추고 풍악을 울리며 갔다. 그렇게 유언을 남겼다. 저세상으로 돌아갈 때에도 풍악을 울리는데, 이승에 살고 있으면서 그렇게 못할 이유가 없다. 스트레스도 가급적 받지 말고, 세상만사를 여유를 가지며 '그러려니'하는 편안한 마음을 가져야 한다. 상대에 대한 인정과 함께 여유만만한 양보이다.

그것이 인생이고 나이 든 사람의 멋이자 여유, 당당함이다. 당당함이 결여된 장년은 시든 장년에 불과하다. 30~40대 '애늙은이'가 있는 반면, 60~70대 '오빠'가 있다. 정신과 마음의 문제이다. 인생은 어차피 생로병사, 태어나 늙고 병들어 죽는다. 그러나 죽는 날까지 즐겁고 당당하게 생을 즐겨야 한다.

어쩌다가 남편이 '삼식이'로까지 불리게 되었는고? 아무리 농(弄)이라 할지라도 이 시간부터는 그런 말을 걷어차 버려야 한다. 지난 시간 동안 우리들의 수고와 고충을 몰라서 그러는가? 안다면 그러한 허무맹랑한 말은 던져버려야 한다.

동시대의 중장년이라고 생각하는 사람들! 모두들 자신을 믿고 인생을 당당하게 즐겨야 한다. 어떤 시급한 현안보다 중요한 문제이다. 세월은 우리를 기다려 주지 않는다. 더디게 가지도 않는다. 쏜살같이 지나간다. 이 귀중하고 아까운 시간을 잘 써야 한다. 그렇지 못하면 후회만 남을 뿐이다. 나 자신을 믿고 더욱 즐겁고 당당하게 생을 살아가자. 분명코 행복이 있나니.

2023년 겨울

조 용 호

· 목차 ·

프롤로그

1장　나는 나대로 산다, 나만의 컬러를 추구한다

14　시간과 일, 생각과 복장 등 네 가지로부터의 자유로움

19　'나'라는 메이커는 세상에서 나 혼자뿐,
　　자신감과 프라이드를 가져라

24　나이 듦은 당연, 중요한 사실은 오늘에 충실하는 것

29　진정한 친구 3명이 있는가?
　　없다면 실망 말고 지금이라도 베풀어라

35　이제 남편을 '삼식이'라 부르지 말라

40　백수도 매일 오전 '출근'할 곳이 있다

45　후회 없는 인생이 어디 있으랴?

50　은퇴 후부터가 인생의 황금기다, 하루하루를 즐겨라

56　주변 사회 도움 없는 성공과 출세는 없다

61　1955~1963년생, 베이비 붐 세대에게 드리는 축사

2장　인생, 별것 아니더라

- 70　그러려니
- 75　사주팔자, 의존도 말고 외면도 말고
- 80　무탈하고 소박한 일상에 감사하며, 휘게(Hygge)를 느껴보자
- 86　불행은 비교에서 시작된다
- 91　인사는 돌고 돌더라, 한번 인사에 일희일비할 필요 없다
- 96　"Give and Give, and Forget!", 대인관계의 시작은 Give에서
- 102　68세가 되어 깨달은, 잘 알고도 잘 몰랐던 인생의 법칙들
- 107　행복은 저축하는 것이 아닌 지금 당장 써먹어야 하는 것
- 113　늘 싸우는 국회의원들을 보노라니
- 118　검소와 인색, 그 종이 한 장의 차이

3장 살아가는 데 필요한 소금

126 언제나 편안하고 반가운 고등학교 친구들
132 잊을 수 없는 선물, 모텔 이용권
137 '있을 때' 잘하는 것이 인생에 좋고,
    사람은 은혜를 잊지 말아야
143 대학강의 예사로 덤볐다간 큰코다친다
149 TV 〈전원일기〉, 그 옛날 우리들의 자화상
154 퇴직 후 알바 하나도 용기 없으면 못 한다
159 꽃을 든 남자가 사랑받는다
165 몸에 병 없기를 바라지 말라
171 '선거의 감'을 따려면 감나무라도 흔들어야
177 청춘을 바친 30년 직장, 종종 꿈에서 만난다

4장   건강과 가족이 나를 지킨다

186   치매 예방(?) 때문에 독서를 본격 시작하다
192   매일 걷는 게 만병통치약이더라
198   산은 인간의 시름을 언제든 보듬어 준다
203   다리가 떨리기 전에 여행을 하자
209   나의 친구, 나의 건강, 나의 행복, 탁구
215   내 자식 키울 때 미처 몰랐던 손자 사랑
220   가족만큼 소중한 존재는 없다
226   언제 들어도 편안하고 아늑한 이름, 아내
231   근심 걱정을 사서 하지 말라,
        스트레스 제로의 삶을 추구하며
236   과거를 묻지 마세요,
        남은 인생, 하고 싶은 것 다 하고 산다

에필로그

나라는 제품은 세상에서 나 하나밖에 없습니다.
그래서 그 존재는 값을 매길 수 없을 만큼 가치 있고 고귀합니다.
나대로 산다는 것은 내 생각대로,
내멋대로 산다는 것입니다.
신념과 소신, 그리고 멋과 여유를 가지고 살아야 합니다.

시간과 일, 생각과 복장 등
네 가지로부터의 자유로움

    사람은 누구나 내 마음대로는 살기 어렵다. 수많은 사람들과 얽혀 살면서 나 혼자만의 방식으로는 지탱하기 쉽지 않다. 체면, 직위, 눈치, 관습 등 여러 이유 때문으로 내 식대로 만으로만 살 수는 없는 것이다. 태생적으로 따지고 보면 태어난 것도 내 마음대로가 아니었다.
  인생이라는 긴 여정을 살아가면서 나는 내 마음대로 살았던 적이 때로는 없었던 것 같다. 중요한 결정은 내가 하며, '내 마음대로' 살아왔다지만 늘상 주변 사회를 의식하고 비교하고, 자문을 받으면서 언행을 해왔던 점은 숨길 수 없다. 가정은 가정대로, 사회는 사회대로, 제각기 룰과 관습이 존재한다. 가정의 부모, 직장의 상사, 주변 사회의 사람들과의 관계 등의 이유로 내 마음대로는 하기는 쉽지 않은 것이다.

이러한 주변 상황은 때론 나를 압박하기도 하며, 위축되기도 한다. 인생사가 그러한 것 같다. 허나 모든 선택은 나 자신이 하는 것, 내 식대로 살 수밖에 없다. 은퇴한 지금, 가장 마음 편한 것은 모든 것을 온전히 나대로의 방식으로 할 수 있다는 것이다.

'나대로'의 살아가는 방식이란 내 마음대로 산다는 것이다. 그렇다고 남에게 피해를 입히고 빈축을 사서는 안 된다. 다소 국소적이긴 하지만, 시간과 일(직장), 생각과 복장 등 네 가지로부터의 자유로움이다.

첫째로, 시간으로부터의 자유로움이다. 24시간이라는 하루의 시간을 내 마음대로 넉넉하고 편안하게 사용할 수 있다는 것이 얼마나 좋은지 모르겠다. 나는 퇴직을 앞둔 후배들에게 이렇게 말한다. "전혀 두려워하지 말고 나오시게나. 편안하고 넉넉한 시간이 기다리고 있으니까. 이제부터가 진정으로 인생의 황금기라네".

시간을 내 마음대로 쓴다는 것은 바로 '자유'를 말한다. 아침부터 저녁, 취침 때까지 스케줄을 내가 짜는 것이니 거칠 게 없다. 평생을 바쳐 가정과 직장, 사회를 위해 열심히 일하며, 일과 시간에 얽매이다 해방된 사람에게 자유로운 시간은 더없이 편안한 선물이다.

시간을 자유스럽게 충분하게 쓰며 생활한다는 것은 곧 소소한 일상의 행복을 느낀다는 말이다. 작은 일에서 자유로움과 행복을 느끼는 생활의 즐거움이다. 소확행(일상에서 느끼는 작고 소소하지만 확실한 행복)이라고나 할까.

사정이 이러하니 하루의 일정들이 자유롭게 진행된다. 때론 멍때림이 되어버린다. 아무 생각 없이 '멍'하게 잠시 동안 나만의 시간을 가지면 오히려 머리가 맑아지고 가슴이 편안해진다. 나만의 자유로운 시간 활용에 돈이 크게 들지 않는다. 들더라도 거의 적은 금액이다.

나의 여러 스케줄은 돈을 그렇게 필요로 하지 않는다. 취미생활도 공공기관이나 동네 주민자치센터를 이용하면 비싸지 않다. 돈에 관한 한 나는 이러한 생각을 갖고 있다. "아끼고 절약하되 인색하지는 말자". 그래서인지 '내 마음대로식' 생활에 돈은 크게 들지 않는다. 시간을 잘 쓰는 것과 돈은 크게 연관되지 않는다.

자유로운 시간 활용에 불행과 불안, 걱정, 부정적인 사고는 절대 금물이다. 이런 말이 있다. "어리석은 자는 불행을 말합니다. 하지만 지혜로운 자는 행복을 말합니다. 행복을 꿈꾼다면 일어나지도 않은 일에 대해 '안 되면 어떡하지, 잘못되면 안 되는데' 하고 미리 걱정을 하지 마세요. 믿는 대로 되는 게 인생의 법칙이랍니다"[01]

불안과 걱정 또한 미리 댕겨 가불할 필요가 전혀 없다. 오지도, 일어나지도 않은 일에 대해 불안해하면서 걱정까지 하는 것은 현명하지 못하다. 또한 부정적인 사고보다 긍정적인 사고는 몸과 마음에 엔도르핀을 들게 한다. 부성적인 사고를 하면 부정이 되고, 긍정석인 사고를 하면 긍정이 된다. 모든 것이 마음먹기에 달렸다.

두 번째로, 생각으로부터의 자유로움이다. 회사 생활을 할 때 생각

---

01 김옥림, 《마음에 새기는 명품명언》, 미래북, 2021. 3, 238쪽.

자체가 회사에 매달리는 경우가 많았다. 생각은 나 혼자만의 일이어서 무슨 생각을 하든 노출되지는 않지만, 속을 들여다보면 회사나 업무 생각으로 꽂혀 있다.

걱정할 일이 있거나 다른 고민거리가 있으면 생각이 자유롭지 못하다. 밝고 맑은 생각이 되지 않는다. 수심에 찬 생각이다. 표정에 드러난다.

그런 생각의 경직함에서 일탈하여 내 마음대로 사고(思考)를 하는 순간, 머리가 깨끗하게 정리되는 홀가분한 기분이 된다. 그런 편안하고 자유스러운 생각의 세계가 나를 안도하게 하고, 마음을 너그럽게 한다. 모든 스트레스에서 탈피하여 위안의 세계로 진입하는 듯하다. 생각이 없고, 있어도 편안하다는 것, 정말로 즐거움이다.

세 번째로, 복장으로부터의 자유로움이다. 직장을 떠난 지가 10년이 지났지만 그동안 정장 차림은 손가락으로 헤아릴 정도이다. 넥타이를 맨 게 언제인지 기억이 나지 않을 정도이다. 구두도 신발장에만 있다. 거의 모든 복장이 노타이이고, 편안한 복장이 대부분이다.

패션과 모양새와는 거리가 다소 멀다. 편안함이 먼저이다. 조금 뽄을 낸다면 캐주얼하게 입을 수도 있다. 그렇게 입으면 다소 젊어지는 느낌도 든다. 경조사 등 꼭 필요한 경우에는 정장을 입지만 그때도 노타이일 때가 많다. 말하자면 복장의 자율화이다. 중고생이 아닌 은퇴자의 마음에서도 이러한 생각이 드니, 편안함이 주는 것이 얼마나 좋은 것인지 알 수 있겠다.

네 번째로, 일(직장)로부터의 자유로움이다. 사실 가장 첫 번째 자유로움에 들어가야 할 항목이다. 그렇지만 일로부터 멀어진 게 다소 오래되어 순위가 뒤로 밀린듯하다. 이는 다시 말해 '돈벌이'로부터의 자유로움이다.

어찌 되었든 출근하여 나를 포기하면서까지 일과 회사에 얽매여 대가를 창출해야 하는 책임감과 의무감이다. 그 이면(裏面)에는 많은 경직과 불안과 초조, 스트레스가 동반된다. 거기에서 어느덧 해방되어 버리니 초반에는 오히려 '할 게' 없어서 초조하고 불안해하기도 했다.

그러나 결국 일로부터의 해방은 나를 자유롭게 하고, 편안하게 한다. 같은 일이라도 회사라는 조직에서 하는 일과 내가 하고 싶어 하는 글쓰기나 탁구, 산책 등 일과는 비교할 수 없을 만큼 엄연한 차이가 있다. 일과 '돈벌이'로부터 자유롭게 되는 사실은 몸과 마음을 한결 가볍게 해준다. 가장 중요한 일상의 변화이다.

시간과 생각과 복장, 그리고 일로부터의 자유로움은 나를 여러 가지로 편하게 한다. 그동안 현역에서 잃었던 나의 시간과 사고와 복장과 나 자신을 찾아오는 느낌이다. 사실 이러한 것들은 현역이라는 사회생활을 하면서 부딪혀야 할, 어쩌면 숙명적 대면이라 할 수 있다.

나는 이제 그런 대면들을 탈피해 보기로 했다. 남에게 피해를 주지 않고 사회의 빈축을 사지 않는 조건이라면 나 자신의 자아를 찾고 싶기 때문이다. 좋게 표현하면 '나만의 컬러' 또는 '나만의 색채'이다. 이제는 '나만의 세계'를 '나대로' 추구해도 괜찮지 않을까 생각한다.

'나'라는 메이커는 세상에서 나 혼자뿐, 자신감과 프라이드를 가져라

　나는 때때로 왠지 모르게 자신감을 잃어버리기도 한다. 자기 열등이나 위축감, 패배감에 빠져들기도 한다. 그런 현상이 왜 자주 일어나는가? '나대로' 살지 못하기 때문이 아닌가 싶다.
　이런 현상은 주로 남과 비교하면서 일어난다. 친구나 동년배의 지인이 돈이 많고 자리가 높고, 자식이 잘돼 있다 하면 은근히 나 자신과 비교되어 위축감과 열등감이 드는 것이다. 사람을 피하고 싶고 주눅이 들고, 나 자신이 점점 초라해지는 것 같은 느낌도 들기도 한다.
　부동산이나 주식으로 큰돈을 벌었다거나, 아직도 현역에서 왕성하게 뛰고 있는 친구나 지인의 근황을 들으면 뭔가 아쉬운 마음이 든다. 이른바 스펙이라는 것을 비교해 보기도 하며, 미묘한 감정에 빠지기도 한다. 순전히 나 혼자 생각이다. 지금 생각해보면 스펙이라고 하는 것, 다 부질없고 무의한 것인데도.

 자연스럽게 이런 독백이 나온다. "나는 그동안 무엇을 했는가?", "나는 과연 무엇인가?". 비교를 하지 않으면 아무 일도 아닌 것을, 괜히 비교하면서 일어나는 걱정이요, 시샘이요, 스스로의 열등이요, 패배의식이다. 또한 여전히 버리지 못하는 속물근성이다. 그것을 털어버리면 금방 괜찮아지는 것들인데도.

 그러나 나는 정녕 그런 의식에 메일 필요가 없다고 생각한다. 왜냐하면 그런 것들은 전적으로 내가 그렇게 생각해서 일어나는 현상이기 때문이다. 자신감의 결여이고, 나 스스로 자신 있게 살지 못했기 때문에 일어난다. 내가 자신을 갖고 마음을 비워버리면 아무런 문제가 없을 것이다.

 일반적으로 우리들은 자신의 가치를 축소하거나 무시하는 경향이 있다. 실제로는 전혀 그렇지 않은데도 말이다. 다른 사람이 나를 본다면 "저 사람은 성공한 인생이야, 괜찮은 인생을 살아온 사람이야"라고 말할 수 있다. 실제 그 말이 맞다. 그런데도 나 자신만 그것을 모르고 있을 뿐이다. 주변의 눈치를 보고, 타인의 눈을 늘상 의식한다.

 나는 나대로의 삶이 있고, 나대로의 인생이 있으며, 나대로의 특징과 컬러가 있다. 그것을 일반적인 잣대로 타인과 비교하여 열등감에 사로잡혀 고민할 필요는 없다. 그것은 어리석다. 이른바 '나는 나대로 산다'가 안 되는 것이다.

 '나'라는 메이커(Maker)는 전 세계에서 나뿐이다. 자신감과 프라이드를 가져야 한다. 내가 나를 사랑하지 않으면 나를 위해줄 사람은 없다. 우리는 종종 자신의 뛰어남을 잘 모른다. 그러나 나 자신은 내가 생각하는 것보다 훨씬 뛰어나고 멋지다.

자기 긍정과 자신감에 가득 찬 사람에 비해 열등감과 패배감에 얽매인 사람은 세상을 탓하고 부정하는 마음을 갖게 된다. 이런 마인드에 묶여서는 곤란하다. 하여 우리들은 지금의 자아와 현실에 만족하며 당당한 자신감을 가져야 한다. 때론 자만(自慢)과 허풍이라고 불려도 좋을 만큼 자신감을 높게 가져야 한다.

"세상에서 내가 가장 잘났어" 하는 확신과 배포를 가져야 한다. 따지고 보면 사람 사는 것, 대부분 비슷하다. 그런데 내가 쪼그라들 필요가 있는가? 그럴 이유가 전혀 없다.

이러한 생각이 현명하고 올바른 것이다. 세상 사람들이 내가 무엇이며, 누구라는 것을 어떻게 자세히 아는가? 알아본들 무슨 소용인가? 나는 나대로의 삶을 살면 그만인 것이다. 내가 인생을 후회 않고 보람되게 살아왔다면 나를 부러워하는 사람은 있게 마련이다.

그런데 그런 중요한 사실을 나 스스로 간과하고 있으니 이게 어찌된 일인가? 사람들은 왜 나를 부러워하는가? 그 사람이 나보다 못해서가 아니다. 이유는 간단하다. 나의 인생이 그런대로 괜찮았기 때문이다.

그러니까 어느 누구보다도 나부터 사랑하는 게 먼저이다. 이 세상에 나보다 더 소중한 사람은 없다는 신념과 믿음을 가져야 한다. 나부터 챙기며, 나부터 아끼고, 나부터 사랑해야 한다. 자신감이 결여

된다면 그것은 내가 나를 사랑하지 않았기 때문이다.

나는 몸에 조금만 이상이 생겨도 병원에 달려가는 스타일이다. 그런 나에게 의사는 이렇게 말하였다. "자신(自身)의 몸에 자신(自信)을 가지세요. 당신의 몸을 믿어보세요. 겁을 낼수록 몸은 더 허약해집니다". 그렇다. 내가 내 몸을 못 믿는데 어떻게 질병이 나을 것인가? 우리 몸은 하도 신비하여 자정(自淨)하는 기능이 있다. 약 없이도 몸 스스로 절로 낫게 되는 현상이다. 그런데 몸에 자신감이 없어지면 이 기능도 없어지는 것이다.

우리는 세상의 모든 걸 다 가진 삶을 사는 사람은 없다는 것을 알아야 한다. 그것은 불가능한 일이고, 설령 다 가진다 해도 곧 별것 아니라는 사실을 알게 된다.

"알렉산더 대왕은 세계 정복의 길에 오르기에 앞서 어느 날 군사들이 어느 정도의 재산이 있어야 가족들을 걱정하지 않고 자신을 따라 원정에 나설 수 있는지를 조사토록 하였습니다. 그러고는 조사한 것을 바탕으로 군사들에게 토지와 국가의 수입을 나눠주더니, 마지막에는 왕실의 재산까지 아낌없이 모두 분배해 주었습니다. 그 모습을 보고 있던 한 장수가 알렉산더에게 물었습니다. '이렇게 모두 나눠주고 나면 정작 대왕 자신에겐 무엇이 남습니까?' 알렉산더가 답했습니다. '세계가 다 내 재산이오.'"[02]

---

02 이동식,《무엇이 되든 행복한 사람이 되어라》, 아름다운날, 2014. 12, 217~218쪽.

참으로 멋진 말이다. 이 정도의 배포를 가지고 삶을 살았다면 세상을 다 가졌다고나 할까? 그러니 20세에 왕위에 올라 33세에 요절할 때까지 세계 대제국을 건설한 것이 아니겠는가?

한마디로 세상 어느 누구도 모든 게 완벽한 삶을 살 수는 없다. 짧은 생을 살면서 조금 부족하다 하여, 맥이 빠지고 주눅이 들 필요는 없다. 무의미한 것이다. 세상은 자신이 어떤 마음을 먹느냐에 따라 천양지차로 바뀌게 된다.

인생이라는 시계는 단 한 번 멈춘다. 그러나 언제 멈출지는 아무도 모른다. 인생의 추는 언제 어떻게 움직일 줄 모른다는 소리이다. 누구든 죽음은 피해갈 수 없다. 그런데도 나 자신에게 배치되는 삶을 살아간다면 그 사람의 인생은 고단해질 수밖에 없다. 불안하고 초조해질 것이다. 항상 죽음을 생각하라. 죽음이라는 운명을 생각한다면 당장의 곤란은 차라리 사치가 될 것이다. '메멘토 모리(Memento mori, 죽는다는 것을 기억하라)'라는 말도 있다.

나의 인생을 나대로의 자신감을 갖고 살아야 한다. 그것이 인생의 지혜이다. 지금 이 순간, '나대로'의 생각에 젖어 들면 나의 인생은 편안해지고 넉넉해진다. 내가 스스로 자신감을 가지지 않고, 나대로의 삶을 살지 않는다면 나 스스로 불행을 자초할 뿐이다. 나는 나이고, 내가 인생의 최고 주인공이다.

나이 듦은 당연,
중요한 사실은 오늘에 충실하는 것

20~30대 청춘이 엊그제 같은데 60대 후반이라니 때론 어이가 없다. 아파트 통로 집들 중에서도 의당 고령층에 들어간다. 나는 전혀 생각을 못 하는데 주변이 보는 시선은 아닌가 보다. 나름대로 나잇값을 하며 살자고 다짐하지만 과연 잘하고 있는지 나는 잘 모른다. 이웃에서 평가는 하겠지만 성적표를 보내주지 않으니 모를 일이다.

평가가 어찌 되든 나는 나이 듦에 대하여 별로 서운해하지 않는다. 나이 들어 살아보니 큰 장점도 없지만 그렇다고 큰 단점도 없는 것 같다. 생각하고 적응하기에 따라 장점이 많아질 수도, 단점이 많아질 수 있다고 본다.

우선 장점이라고나 할까, 뭐 그런 점을 한번 나열해 보자. 가장 좋은 게 시간이 많다는 것이다. 새벽에 눈을 떠 하루 일과를 생각하면서 아무 일정과 약속이 없으면 너무 마음이 편안하다. 현역 때도 그러했는데 은퇴 후도 그러하니 일이 없으면 편한 것은 어쩔 수 없는가 보다.

만약 12시 점심 약속이 있다면 오전 외출이나 운동 등 일정을 취소하거나, 최소 11시께에 끝을 내야 하고, 머리도 감고 옷도 갈아입어야 한다. 이런 과정이 좀 귀찮다. 만약 일정이 없다면 아무런 시간적 제약 없이 내 마음대로 '왔다리 갔다리' 유유자적하면 될 일을 그리 못하니 불편하다는 것이다. 정 심심하고 사람을 만나고 싶다면 내 시간에 맞춰, 내가 편한 대로 약속을 하면 될 일이다.

누구나가 때때로 머리를 텅 비우고 멍청하게 아무 생각 없이 시간을 보내곤 한다. 그러면 오히려 머리가 맑아지고 마음이 편안해진다고 한다. 특히 사업가나 작가 등은 하나의 대형 프로젝트가 끝나면 아무것도 하지 않는 무위의 시간을 가져본다고 한다. 집에 틀어박혀 하루 종일 그냥 있는 것이다. 멍때림이라고나 할까?

경허선사는 무사유성사(無事猶成事, '일 없는 것을 오히려 일로 정한다'), 엄관백일면(掩關白日眠, '빗장 걸어 문 닫고 낮잠을 잔다')이라고 말한다. 일 없음을 일로 삼고, 문 걸어 잠그고 낮잠을 자는 평안함이다. 머릿속의 티끌과 가슴의 때가 다 빠져나가는 것 같다. 아무 일정 없는 하루의 일과에 대한 편안한 마음을 가지는 비움의 시간, 무념무상의 경지를 말하는 것 같다. 속세의 바쁜 일과와 허둥지둥 시간에 쫓기는 상황과는 다른 세상이다. 고요히 나를 돌아보는 명상의 시간이다.

또한 나에게 주어진 많은 시간을 내 마음대로 편하게 넉넉하게 쓸 수 있다는 점도 빼놓을 수 없다. 이 두 가지 점이 은퇴 후의 가장 큰 장점이자 축복이 아닌가 싶다. 그러니까 시간을 잘 써야 한다. 더 쉽게 표현하면 잘 놀아야 한다는 것이다. 더욱 실제적으로 얘기하면 혼자서도 잘 놀아야 한다는 이야기이다.

남자에 비하면 여성들은 늘 시간이 없어 난리이다. 여자에 비해 남자는 영 못 논다. 물론 심심하기도 하다. 그걸 막기 위해서 다양한 프로그램을 짜야 한다. 내 자의로 짜는 계획은 거의 타의에 의해 짜여지는 현역시절에 비하면 훨씬 자유롭다. 그간 못했던 취미생활이나 운동, 여행, 봉사활동, 공부 등 할 일은 무척 많을 것이다.

그리고 나이 듦은 자연의 이치인데 나 혼자 거부하고 싫어한다고 해서 될 일이 아니니 받아들일 수밖에 없다. 고장 난 벽시계는 멈추지만 세월은 고장도 없이 멈추지 않는다. 대신 가는 세월을 잘 쓰면 된다. 즐겁고 재미있게 편안하게 후회 없이 잘 보내야 하는 것이다.

단점이라고 하면 일단 체력의 저하와 잦은 병원행이다. 뭔가 쉽게 피곤해지고 성인병이 생기는 것이다. 전립선도 그러하다. 한국인 남자 50세면 50%, 60세면 60%, 70세면 70%가 걸린다고 하니 남자라면 거의 피해 나가기 힘든 질병이 아닌가 싶다.

이런 질병들의 '공격'이 다양하니 신경 쓰이고 때론 겁이 난다. 젊었을 때부터 운동에 전념하여 몸을 가꿨으면 좀 나았을 텐데 대부분 직장 일과 스트레스에 시달리다 보면 소홀히 하고 만다. 걸핏하면 MRI 촬영, 위·대장 내시경, 무릎, 허리, 고혈압, 고지혈증, 불안 등 건강의 적신호가 밀려온다. 건강검진을 받을 때면 '혹시나?' 하는 걱정으로 결과가 나올 때까지 긴장되고 찝찝한 심정이다.

다음으론 많은 시간을 효율적으로, 재미있게 쓰지 못하는 것이다. 시간을 넉넉하게 마음대로 쓰는 것이 장점이라고 해놓고, 역으로 이것을 단점이라고 한다면 이율배반적이지만 그런 이중적 측면이 있는 것은 어쩔 수 없다. 그래서 시간을 잘 쓰는 지혜가 필요하다. 심심하고 할 일이 없어 종일토록 공원을 배회하는 장년들을 흔치 않게 볼 수 있다.

이 문제도 스스로 노력해야 하는데 그렇지 못하면 풍부한 시간 속에서도 놀 일을 찾지 못해 지루하게 되고, 많은 시간이 오히려 거추장스러워지기도 한다.

시간을 잘 보내고 집에 있는 시간이 편안해지려면 우선 아내와의 관계가 좋아야 한다. 적절히 양보하고 고집은 삼가야 한다. 그것이 첫째 조건이다. 아내와 사이가 불편하면 모든 일상이 찌그러들어 버린다. 아내와의 좋은 사이 만들기는 양보 말고는 답이 없다. 무조건 양보하는 것이 이긴다고 생각해야 한다. 다툴 필요도 없다. 그냥 '예스'로 일관하면 마음 편하다. 또한 나이가 들수록 아내의 위세(?)가 세지니 막을 방도도 없다. 이도 자연적인 현상인가?

또한 경제력이 떨어지는 게 참말로 약점이다. 젊어 많이 벌어놓았어야 하는데 그렇지 못한 경우가 많으니 걱정이다. 이 문제에 대해서는 딱히 묘수를 찾기 어렵지만, 형편에 맞춰 절약하는 지혜를 찾을 수밖에 없을 것 같다. 요즘 젊은이들은 미리미리 연금을 드는 등 안

전장치를 마련하여 노년이 되어도 큰 걱정은 없다지만, 지금의 60대 이상은 이 부문에 좀 취약한 것 같다. 그러나 돈 문제에 관해 나이 들어도 자유스러운 사람은 별로 없으니 나만 너무 자책은 하지 말 일이다.

나이 듦을 두고 장단점을 따지는 것 자체가 무리이다. 인생이 생로병사이거늘 때가 되면 노년이 되고 늙고 병들어 죽는다. 단순한 자연의 진리를 그대로 받아들이면 만사 해결이다. 나이 든다고 하등 서운해할 필요가 없다.

오늘은 어제 저세상으로 간 사람들이 그렇게도 간절히 기다리던 내일이다. 오늘도 나의 인생의 시간은 종착역을 향해 재깍재깍 다가가고 있다. 내일이 항상 온다는 보장도 없고 하루하루를 즐겁게 열정적으로 보내지 않을 이유가 없다. 인생은 나를 기다리지 않고 어느 날 '훅' 하고 지나가 버린다. 황금 · 소금 · 지금 중 가장 중요한 것은 지금, 바로 오늘이라 했다. 오늘을 즐겁게 보내고, 오늘에 충실할 따름이다.

진정한 친구 3명이 있는가?
없다면 실망 말고 지금이라도 베풀어라

"세상을 살아가면서 진정한 친구 3명이 있으면 성공한 인생이다"라는 말이 있다. 나는 이 말만 들으면 가슴이 울렁거리고 나를 되돌아보게 된다. "과연 나는 진정한 친구 3명이 있는가?" 아쉽게도 답은 "없다"이다.

진정한 친구의 조건에 대해서는 여러 내용들이 있지만, 내가 생각하는 진정한 친구란 어려울 때 고통을 함께 나누는 사람을 말한다. 어차피 세상은 더불어 살아가는 사회이다. 부대끼는 어려움이 얼마나 많은가. 그 어려움, 그 고통을 함께할 수 있는 사람이 진정한 친구라는 것이다. "어려울 때 친구가 진정한 친구"라는 말이 있다.

나아가 친구의 법적, 경제적 담보까지 해줄 수 있는 각오가 되어 있는 사람이면 더 말할 나위가 없다. 실로 어렵고 무리한 조건이라고도 볼 수 있다. 그렇다고 요즘 세상에 친구를 위해 목숨을 바치겠다거나, 내 몸의 장기를 기증하겠다는 친구는 아예 기대하지 않는다. 설령 그런 친구가 있다 하더라도 내가 사양한다.

가장 현실적으로 부닥치는 문제가 경제적 문제일 것이다. 갑자기 "돈 천만 원, 2천만 원을 빌려달라"고 하면 선뜻 내놓는 사람이 얼마나 있을까? 친구의 어려움을 감안하여 형편이 안 됨에도 마이너스 통장으로 대출받아 주는 친구가 얼마나 있을까? 돈 문제에 국한하여 예를 든다는 게 좀 용렬스럽지만 어쩔 수 없이 자주 부딪히는 문제이길래 예를 들어보는 것이다. 사람들끼리 마음 많이 상하는 문제이기도 하다.

하지만 돈 문제에 관한 한 이런 경구를 기억해 볼 필요가 있다. "돈을 빌려주지 않음으로써 잃는 친구는 적지만, 오히려 돈을 빌려줌으로써 잃는 친구는 더 많다". 돈 문제는 이처럼 어렵다.

또한 '노년에 꼭 필요한 세 가지'라며 '건강, 돈, 친구'를 들 때도 가슴이 울렁거린다. 왜냐하면 세 가지 모두가 부족한 것 같아서이다. 특히 (진정한) 친구가 없는 것 같아 더욱 그러하다. 물론 내 나름대로 기준이긴 하다. 그래도 건강과 돈은 내 마음먹기에 따라 기준의 수치를 하향 조정할 수 있지만 친구는 나 혼자의 결정이 아니고 상대가 나를 인정하고 동의해 줄 때 가능하다. 그렇기 때문에 자신이 없다는 것이다.

이러한 나의 진정한 친구의 기준에서 나는 '진정한 친구 3명'에 자신 없음을 고백하지 않을 수 없다. 진작에 이런 깨달음이 있었더라면 가까운 친구에게 좀 더 잘해주었으면 하는 회한이 든다. 다른 친구들은 정녕 '진정한 친구 3명'을 두고 있을까? 하는 의구심이 들기도 한다.

나는 SBS가 오래전 방영한 드라마 〈야인시대〉를 좋아한다. 20년이 되었지만 지금도 케이블 TV와 유튜브를 통해 자주 보고 있다. 왜냐하면 이른바 '건달'들의 우정과 의리를 느낄 수 있기 때문이다. 뒷골목의 건달이지만 그들의 세계에서 친구를 위해, 보스를 위해 청춘과 목숨까지 바치는 그런 우정과 의리가 남달랐기 때문이다. 그런 친구들이 비록 드라마였지만 좋아 보였다.

주먹세계의 건달임에도 그들의 우정과 의리, 반칙을 하지 않고 정정당당하게 싸우는 모습이 때론 멋있기도 했다. 극 중에서 이들은 일제 치하 종로상인을 보호하며, "종로만은 우리가 지키겠다"는 나름 항일독립의 기개도 있었다.

요즘 나는 오랫동안 소식이 끊긴 친구들을 찾아 나서보기도 하는데 그 재미가 쏠쏠하다. "친구와 술은 오래될수록 좋다"는 말도 있다. 일단 내가 먼저 전화를 하는 게 우선이다. 앉아서 기다리기만 하면 오지 않는다. 그런데 전화번호가 바뀐 경우가 종종 있다. 주로 011로 시작되는 번호들이다.

그럴 때면 거의 신통하게 바뀐 새 전화번호를 알 수 있는 방법이 있다. 먼저 011을 010으로 바꾸고, 다음으론 중간의 세 자리 숫자, 이를테면 868이면 이 번호 앞에 3자를 붙여 3868로 바꾸고, 마지막

네 자리는 그대로 붙이면 맞아 떨어질 확률이 높다. 마지막 네 자리 번호는 잘 바뀌지 않는다.

중간의 세 자리 숫자로 3자가 맞지 않으면 다른 번호를 차례로 붙여보면 결국엔 안 맞을 수 없다. 최대 10번만 붙여보면 옛 친구의 번호를 찾을 수 있으니 한번 해볼 만하다. 그러나 전화번호 모두를 완전히 바꾼 경우에는 찾기가 불가능하다.

얼마 전에는 10년 전 헤어진 옛 친구를 이 같은 방법으로 찾아 장시간 통화를 했다. 친구는 "대단한 예지력이니 자리 펴라"고 반가워했다. 114 안내도 휴대전화 안내는 하지 않는다고 하니, 나의 이 방법을 한번 써보면 도움이 될 것으로 본다.

《논어》〈자한〉편에 이런 말이 나온다. "세한연후지송백지후조야(歲寒然後知松栢之後彫也)". '날씨가 추워진 후에야 소나무와 잣나무가 늦게 시듦을 안다'는 말이다. 소나무와 잣나무는 본래 사계절 없이 푸르고, 따라서 시들지 않는 나무들인데, 그것을 한겨울이 되어서야 그 시들지 않는 푸르름을 알게 된다는 것이다. 지조와 충절을 뜻한다. 어려움에 처했을 때 그 친구를 알게 된다는 말과도 상통한다.

"제주도에 유배 중인 추사 김정희(秋史 金正喜)에게 제자 이상적(李尙迪)이 보낸 귀한 서책이 도착했다. 절해고도에서 고생하던 추사는 너무 고마웠다. 곧바로 붓을 들고 저 유명한 세한도(歲寒圖)를 그려 이상적에게 보내주었다. 그림 하단에 '장무상망(長

毋相忘: "오랫동안 서로 잊지 마세나")'이라고 인장을 찍었다"[03]

나는 170년 전 선비들의 우정에 감동한다. 권세와 재력을 쫓지 않고 외딴섬에서 귀양살이하는 자신에게 책을 보내준 이상적의 마음에 추사는 감격한 것이다. "가장 먼 곳을 가장 빨리 갈 수 있는 방법은?"이란 질문에 "좋은 친구와 함께 가는 것"이라고 한다. 아무리 먼 길이라도 좋은 친구들과 함께 가면 오히려 즐겁고 지루하지도 않기 때문이라는 설명이다. 친구를 보면 그 사람의 됨됨이를 알 수 있다.

의미심장한 이야기이다. 그만큼 친구는 인생에 있어 빠트릴 수 없는 동반자이다. 하지만 진정한 친구를 가지기 위해서는 내가 먼저 상대의 진정한 친구가 되기 위해 베풀어야 한다. 먼저 베풀지 않고 좋은 친구를 갖기란 위선일 것이다.

적선지가 필유여경(積善之家 必有餘慶), 불선지가 필유여앙(不善之家 必有餘殃). 선을 쌓은 집안에는 반드시 그 이상의 경사가 있고, 불선(선을 쌓지 않는다) 집안에는 반드시 재앙이 있게 된다는 의미이다.

친구도 우정도 의리도 일단 먼저 베풀어야 가능하다. 사람은 은혜를 잊지 않는 유일한 동물이고, 은혜를 입으면 반드시 갚게 된다. 글은 이렇게 쓰면서도 내가 친구에게 얼마나 베풀었나를 생각하니 절로 고개가 숙여진다. 오히려 도움만 받았지 않았나 하는 자괴감이 든다. 부끄러운 일이다. 사실 친구뿐만 아니라 우리 모두는 지역사회로

---

03 http://brunch.co.kr/@moogyun.com

부터도 보이지 않는 도움을 받으며 살아가고 있다. 다만 그러한 사실을 간과(看過)할 뿐이다.

　이제 와서 새로 진정한 친구를 사귀겠다고 소란을 피우는 것은 곤란하다. 있는 친구라도 진정한 친구인 양 잘 보살펴, 밥 한 그릇이라도 사며 베풀 일이다. 내가 먼저 진정한 친구의 요건을 갖춰나가는 게 급선무이다.

이제 남편을
'삼식이'라 부르지 말라

 현역을 떠난 후 많이 듣는 소리 중 하나는 '삼식이'이다. 하루 세끼를 집에서 챙겨 먹는다는 이야기이다. 세끼 밥을 집에서 해결한다는 장난스러운 말이기도 하다. 그러나 중·장·노년층에게는 마냥 웃을 수만은 없는 농담이요, 한편으론 비애가 들어 있다.
 사실 전에는 하루 아침 한 끼 겨우 집에서 먹고 나머지는 밖에서 해결하는 경우가 다반사인데 직장을 떠나면 그게 만만찮은 일이 된다. 이러다 보니 세끼 줄창 집에서 챙기는데, 때론 비꼬는 듯하고, 우스갯소리로도 들린다.
 그러나 나는 '삼식이'에 개의치 않는다. 왜냐하면 '삼식이'라도 조금 발전된 '삼식이'를 지향하기 때문이다. 늘 집에서 세끼를 해결하면서도 1주일에 한두 번 정도는 부부 함께 나가서 점심 한 그릇을 해결한다.

　주부들에게 "가장 맛있는 음식이 뭐냐?"라고 물어보면 "내 손으로 안 한 음식"이라고 답하는 경우가 많다. 그만큼 매일 식사 준비하는 게 신경 쓰이고 귀찮다(?)는 말이다. 특별한 식사가 아니고는 자기 손으로 준비하지 않으면 그것을 최고의 음식으로 친다는 것이다.
　그러니 '삼식이'라 할지라도 형편 되는대로 한 번씩 밖에서 해결을 하면 이는 '삼식이'가 아니고 귀여움(?)받는 '이식이'가 되고 만다. 비싼 집도 아니고 1만 원 내외의 동네 식당이다.
　자주 즐기는 메뉴는 9천 원짜리 돌솥밥. 집에서 10분 거리에 있는 이 식당은 노릇하게 잘 구워진 생선이 일품이다. 돌솥밥에 된장국, 생선구이, 그리고 변비와 저칼로리에 좋은 양배추, 다시마, 두부, 콩나물, 김치, 깍두기 등 섬유소, 이른바 '풀잎' 반찬들이 잘 차려진다.
　돌솥밥 외에도 비빔밥, 청국장, 된장찌개, 추어탕, 자장면, 김밥(충무김밥 포함), 촌국수, 콩나물국밥 등 동네 밥집들을 골라 찾고 있다. 집 주변은 재래시장과 백화점이 있어 식당이 즐비하다.

　콩나물국밥은 겨울철에 애용한다. 한 그릇에 5천 원으로 값도 싸고 맛도 있어 심심찮게 이용한다. 식당에 들어가 보면 회장님, 사장님 등 '넉넉한' 분들도 간단찮게 만난다. 요즘처럼 어려운 시절에 다들 경비도 줄이고 음식도 맛있는 곳을 찾는다는 것을 알 수 있다. 체면치레로 비싼 음식점을 찾는 문화가 점차 사라지는 게 아닌가 싶다.
　나가면 아내의 얼굴이 밝아진다. 식사 준비 안 해서 좋고, 동네 맛

집 순례를 해서 좋다. 또한 아내와 함께 점심 한그릇이라도 '외식'이라고 하여 나서면 대화도 많이 하고 기분이 그렇게 나쁘지 않다. 생각에 따라 가까운 '1~2시간짜리' 여행이라고 간주해도 무방하다. 잠시라도 바람을 쐬게 되면 오후 시간 보내기도 조금 낫다.

　이런 동네 점심을 먹어도 돈은 크게 들지 않는다. 한 달에 10만 원 정도 하면 된다. 가정에 따라 부담도 되기도 하겠지만 좀 비싼 외식 한 끼 정도라 생각하고 감사하게 먹고 있다.

　그리고 저녁은 수년 전부터 간단하게 먹는다. 고구마, 감자, 호박, 바나나, 떡, 상추, 고추, 양배추 등에 유산균 한 잔이다. 왜냐하면 체중이 늘고 당뇨 수치도 올라가 부부 의논 끝에 합의로 간단 음식을 먹게 되었다. 그래서 저녁 약속은 가급적 하지 않는다.

　저녁을 간단히 먹으니 다음 날 아침을 맛있게 먹게 된다. 결국 아침·점심은 제대로 먹고 저녁을 줄이는 방식이다. 우리 부부만의 특별한 방식도 아니고 거의 대다수의 사람들이 바라는 식단이다. 실행에 옮기는 게 관건이지만.

　나머지 점심은 집에서 해결한다. 쇠고기 같은 단백질은 고기를 사와서 집에서 해 먹는다. 편안하고 고기양(量)에 신경 안 쓰고 먹을 만큼 먹을 수 있어 좋다. 코로나 시대, 감염 예방에도 이롭다.

　그리고 '백수'라도 어쩌다 점심 약속이 있고, 매주 수요일은 탁구장에서 시합을 하고 회원들과 함께 식사를 하니 공식적으로 집 점심에서 빠지는 날이다. 드물지만 저녁 약속도 생기면 '일식이'에 그친다. 그러니 나는 언제든 '삼식이' 논쟁에서 이겨낼 경쟁력이 있는 것이다.

　나의 생각에 동조하는 지인들은 주변에 많이 있다. 그들도 나처럼 종종 부부 동반 점심을 하는 경우가 많다 한다. 아침을 먹고 햇볕 따뜻할 때 함께 나가 맑은 바람과 공기를 쐬고 점심을 먹고, 천천히 걷거나, 일부러 서행 운전을 하면서 가능한 한 한가롭게 시간을 보낸다는 것이다. 수차 강조하지만 행복은 멀리 있는 것이 아니고, 지금(now), 여기(here)에 있다. 그럴진대 '삼식이'로 비하할 틈이 있다던가? 한시도 아쉬운 이승의 소중한 시간이다. 인생은 이생(二生)이 아니라 일생(一生)이라는 사실을 알아야 한다.

　해서 나는 '삼식이' 같은 신조어는 반기지도 않고, 이런 유의 말은 장난이라도 지어내지도 말고, 유포를 해서도 안 된다고 생각한다. 실제로는 '삼식이'를 무시하거나 외면하지도 않으면서, 이상하게 비아냥거리거나 조소(嘲笑)하는 신조어들이 장난기 섞여 양산되니 참으로 아쉬운 일이다.

　이 외에도 남편이 아내로부터 연령대별로 구박을 당한다는 등 웃지 못할 이야기들이 난무하는데, 전혀 현실성 없는 이야기들이다. 그런데도 사람의 입을 타고 전파돼 확산되니 유감스럽다. 말이 되지도 않고 부부 사이에 전혀 도움이 안 되는 이러한 사실무근의 이야기들은 만들지도, 통용시키지도 말아야 할 것이다.

　'삼식이'를 하고 싶어 하는 것도 아니고, 퇴직하여 할 일 없고 사람 만날 일이 적어지고, 말하자면 '끈' 떨어지다 보니 생긴다. 이유 있는 어쩔 수 없는 '삼식이'인 것이다. 만약 퇴직을 하여 일정한 직업이 없어도 '삼식이'가 아닌 '일식이' '이식이'로 유지한다면 그 사람은 정말 능력자이다.

 능력자가 아니라면 아침 일찍 집을 나가 어디선가 혼자 밥을 먹는 외로운 처지의 사람일지도 모른다. 이 땅의 부인들이 남편이 '삼식이'를 면하기 위해 딱히 갈 곳이 없으면서도 바쁜체하며, 일찍 집을 나가 더 넓고 황량한 '광야'에서 홀로 헤매는 것을 바라지는 않을 것이다.

 그런데도 '삼식이'라 하여 좀 모자라는 축으로 간주해 버린다면 당하는 '삼식이'는 죽을 맛이다. 평생 고생하며 가족을 먹여 살리고, 은퇴라는 두 글자에 밀려 '삼식이'가 된 것인데 이를 '사람' 취급 제대로 안 한다면 너무 억울하다. 설령 세 번 아니라 네 번, 다섯 번 먹어도 어쩔 것인가? 건강하다는 증거인데. 그럴 땐 오히려 수고했다며 격려하며, '사식 씨' '오식 님'으로 불러야 정상일 것이다.

 이제부터라도 남편을 더 이상 '삼식이'라 부르지 말자. 아무리 장난스러운 용어라 할지라도 듣는 '삼식이'는 기분이 유쾌하지 않다. 그리고 남편도 '삼식이' 타령에 동조하면 안 된다. 당당한 '삼식이'로 거듭나야 한다. 자기를 조롱하는 비어에 함께 손뼉 쳐서야 어디 될 일인가?

 은퇴 후 부부 함께 행복을 즐길 날도 많이 남지 않았다. 인생은 유한하고, 세월은 금방 흘러간다. 부부 함께 점심 한 그릇으로 '삼식이' 이름을 떼고 별호도 당당하게 바꿔보면 어떨까? '자기 씨' '서방님' 등으로 말이다.

백수도 매일 오전 '출근'할 곳이 있다

　현역 은퇴를 하면 가장 많은 것이 시간이다. 내 마음대로 쓸 수 있는 것이 시간이고, 그것이 은퇴자의 권한이고 축복이다. 이 무한한 시간을 잘 쓸 때 노후의 인생은 즐거워지고 건강해진다. 잘못 쓰거나 쓸 곳이 없어 방황을 하게 되면 지루하고 우울해진다. 병이 난다.
　나는 나름대로 스케줄을 짜고 시간을 보낸다. 주로 운동과 취미생활, 공부이다. 집에서 가까운 주민자치센터나 대학의 평생교육원을 이용하고 있다. 그래서 월요일부터 토요일까지 매일 오전 10시 전후로 집을 나선다. '출근'인 것이다. 이 시간이면 출근 시간으로는 여유 있다.
　일주일 동안의 스케줄을 한번 보자. 월요일은 단학기공체조(창원 폴리텍대학 평생교육원), 화·수요일은 탁구(동네 주민자치센터), 특히 수요일은 탁구 동아리 회원들 간의 수요 게임 날이어서, 함께 게임을 즐기고, 점심에 막걸리 한잔까지 곁들인다. 수요일 저녁에는 스마트폰 교육을 폴리텍대학 평생교육원에서 받기도 했다. 목요일은 단학기공체조, 금요일은 2021년의 경우 영어회화(창원대학교 평생교육원)를 배우거나, 탁구를 친다. 토요일은 탁구와 휴식 중 택일이다. 일요일은 둘레길 걷기 또는 목욕이다. 일요일을 제외한 나머지 6일간의 오후에는 체력이 닿는 대로 헬스장에 나가 시간도 보내고, 운동도 한다. 이 모든 스케줄의 '출근 시간'이 오전 10시께로 맞춰져 있다.

스케줄은 가급적 몸이 움직이는 동적(動的)인 운동과 취미생활에 맞춰져 있고, 뭔가를 배워 지식에 보탬이 되도록 했다. 동네 주민자치센터나 대학의 평생교육원 등 '출근처' 곳곳에서 사귀게 되는 친구도 큰 자산이다. 친구는 정신·육체 건강에 큰 도움이 되는 그야말로 '보약' 같은 존재이다.

단학기공체조는 무엇인가? 운동과 명상 등을 통해 사람 몸의 기(氣)와 혈(血)을 잘 통하게 하여 몸을 보(補)하는 운동으로 알려져 있다. 5년째 하고 있는 나로서는 체조와 요가, 스트레칭을 결합한 종합체조 운동이라는 느낌이 든다.

평소 잘 안 쓰는 근육을 움직여 원활하게 풀어주고, 관절을 부드럽게 하여 몸의 유연성을 길러준다. 나이가 들수록 움직임이 둔화되어 몸이 굳어지는 경직 현상이 늘어나는데 이것을 예방하는 효과도 들 수 있다. 특히 운동 중에 어떤 기구도 사용하지 않고 맨몸으로 운동을 하므로, 몸에 무리가 안 가고, 상하지 않는 장점도 있다. 장년층에 적합한 운동이 아닐까 싶다.

　점점 가속화되는 몸의 노화(老化) 현상을 막아주는 유일한 방법은 운동뿐이다. 나뿐만 아니라 거의 모든 사람들이 그렇게 생각하겠지만, 나처럼 운동에 게으른 사람들은 어떤 수업과정이나 스케줄에 매여 반강제적으로 하지 않으면 지속적으로 못 하게 된다.

　노화의 두드러진 현상 중 하나가 등이 굽어지는 것이다. 말하자면 걸을 때 앞으로 숙여지는 현상이다. 아차! 하면 이 증세를 가지게 되는데, 그러면 영락없는 노인이 되고 만다. 이것을 피하기 위해서라도 운동을 열심히 해야만 한다. 이런 노화 현상을 예방하는 데 단학기공체조 같은 운동이 매우 적합하다. 몸의 유연성을 길러준다.

　사실 은퇴 후 생활비는 크게 들지 않는다. 돈이 가장 많이 들어가는 것이 병의원 및 약제비이다. 그러니 몸 안 아픈 게 돈 버는 것이다. 평소 운동을 게을리하지 않아야 가능한 일이다. 아무리 돈이 많아도 중병이 걸리면 돈은 돈대로 들어가고, 인생도 끝장이다. 자주 걷고 근육운동을 하면서, 몸의 유연성과 면역성을 길러주는 실내 운동도 겸비하면 좋을 것 같다. 그런 운동 중에 단학기공체조나 요가 같은 운동이 아주 적격이라 본다.

　또한 67세에 영어회화를 배우게 된 배경에는 두 가지 이유가 있다. 첫 번째는 평소 외국어, 특히 영어를 좀 유창하게 구사하고 싶은 욕망이 있었고, 두 번째는 독서와 외국어를 하면 치매 예방에 도움이 된다는 신문기사를 봤기 때문이다.

　창원대학교 평생교육원의 '영포자(영어 포기자) 현지영어 스킬'이라는 반에 등록을 하게 되었다. 학생은 10명쯤 되었는데 내가 남자 중에서는 최고령이었다. 첫 시간의 자기소개가 신선했다. 담당 교수는 자기소개를 우리말 또는 영문 중 어느 것으로 해도 무방하나, 나이와 전직, 경력 등 세 가지는 안 해도 된다고 했다. 나 역시 그런 항목들을 빼니 훨씬 편했다.

학기 내내 강조되는 강의의 요지는 "영어는 어렵지 않은데 우리들이 어렵게 만들어 가고 있다"며 "간단하고 쉬운 영어로 소통하는 외국 현지인들의 생활영어를 익혀보자"는 것이었다.

나는 영어일기를 쓰면 영작과 회화에 큰 도움이 된다고 하여, 나름 일주일에 한두 번은 써, 교수님에게 제출하여 교정을 받았다. A4 한 장을 쓰는 데 1시간여 걸렸다. 그냥 내 실력으로 쓰는 게 아니고 인터넷 번역기의 도움을 받아 끙끙대며 썼다.

한번은 교수님께서 내가 제출한 영어일기를 여러 장 복사하여 학생들에게 나눠준 후 함께 읽으면서 고쳐주었다. 동료 학생들은 "굉장하십니다, 대단하십니다" 등으로 응원을 해주었다. 60대 후반 아저씨가 영어공부를 하니 신기해하는 듯한 인상으로 받아들여졌다. 나는 전혀 나이 들었다는 생각을 하지 못했는데 다른 사람들의 눈에는 그렇게 보이는가 보다.

가방을 둘러메고 학교로 '출근'을 하면 꼭 학창시절로 돌아간 듯했다. 비록 은퇴는 했어도 오전에 출근할 곳이 있고, 거기에서 하고 싶었던 영어공부를 하고, 그럼으로 인해 치매 예방도 되고, 일석삼조(一石三鳥)가 따로 없었다.

스마트폰 교육도 배웠다. 요즘 생활의 필수 이기(利器)로 등장하여 배우지 않고서는 안 될 상황에 직면한 게 스마트폰이다. 윈도우(컴퓨터의 동작 프로그램), 안드로이드(스마트폰의 동작 프로그램), 앱, 아이콘, 드라이브, 폴더, 파일 등 기본적인 사항들을 컴퓨터와 연계하여 배웠다.

수강생들은 대부분 60~70대로, "스마트폰 사용법을 잘 모르니 답답하여 견딜 수 없어 나오게 되었다"며 배우는 자세가 진지했다. 나 역시도 진도를 놓치지 않으려고, 한 주일도 빼먹지 않고 강의를 들었다. 도움이 많이 되었다. 그러나 학기 종료 후 복습을 안 하니 다 까먹어 버려, 재수강을 들을 생각도 갖고 있다.

은퇴 후 많은 시간을 계획 없이 무의미하게 보내면 나태해진다. 굳이 계획은 세우지 않더라도 하루하루를 비쁘게 사는 것이 건강에도 낫다. 특정한 취미를 갖고 관련 활동을 하게 되면 하루가 '후딱' 지나가고, 식욕도 증가하고 수면도 좋아진다. 많은 시간을 무료하게 보내면 단번에 밤에 잠이 잘 오질 않는다. 매우 큰 고통이 아닐 수 없다.

하모니카도 주민자치센터에서 배웠다. 코로나로 중단됐지만, 즐거움이 컸었다. 악보를 보게 되니 노래도 배우고, 폐활량도 늘어나, 건강에도 도움이 됐다. 무엇이든 자기 취미에 맞고 좋아하는 것이라면 배우고 익히는 것이 좋을 것이다. 그래서 매일 오전 '출근'할 수 있는 '출근처'가 있다면 즐거워진다. 가까운 곳에 많이 있으니 찾아서 활용하면 좋다고 본다.

후회 없는 인생이 어디 있으랴?

〈버킷리스트(Bucket list)〉라는 영화는 시한부 인생을 살아가는 두 사람 노인의 이야기이다. 가난하지만 평생 가정을 위해 살아온 정비사 카터(모건 프리먼 分)와 백만장자이지만 가까운 친구는 없는 재벌사업가 에드워드(잭 니콜슨 分).

병원의 같은 병실에 입원하며 1년도 안 남은 시한부 인생을 살아가는 두 사람. 이들은 서로 다른 직업이지만 그동안 앞만 보고 인생을 살아왔다는 것은 크게 다를 게 없었다. 어느 날 에드워드는 카터가 침대에서 뭔가 긁적인 메모를 보게 되는데, 거기에는 죽기 전에 해보고 싶은 것들이 쭉 적혀 있었다.

에드워드는 그런 카터에게 모험을 위해 떠나보자고 했다. "카터, 난 가진 게 돈밖에 없어. 우리 뭔가 해보자고, 스카이다이빙 어때?".

실제 그들은 수천 미터 상공에서 뛰어내리는 환희를 맨 먼저 만끽했다. 두 사람은 에드워드의 전용 비행기를 타고 전 세계를 여행하며 해보고 싶은 것들을 차례차례 하기 시작했다.

심지어 에드워드는 카터가 예쁘고 젊은 여성과 하룻밤을 보내게 하려는 시도까지 하다가 카터의 거절로 없던 일이 되기도 했다. 카터 또한 에드워드가 딸과 화해하도록 주선하기도 했다. 여행은 카터가 도중에 집으로 돌아가자고 하면서 중단되고, 돌아온 카터는 먼저 죽게 된다. 얼마 후 에드워드도 눈을 감았다.

두 사람의 유골 일부는 눈으로 뒤덮인 높은 산 정상에 두 눈만 구멍을 뚫은 눈사람 아래에 함께 안장됐다. 그곳에서 그들이 버킷리스트 중 한 가지인 '장엄한 풍경보기'를 하도록 하기 위함이었다. 죽어서도 두 사람이 나란히 대자연의 위대한 풍경을 보도록 한 것이다.

영화는 죽음을 앞둔 사람들의 심경과 정신세계를 잘 표현하였던 것으로 평가된다. 비록 이들 두 사람의 사례가 아니라도 우리는 누구나 인생을 통틀어 꼭 해보고 싶은 것들이 있다. 그러나 여러 가지 이유로 미뤄지거나 하지 못하는 경우가 너무나 많다.

지나고 보니 남는 것은 후회뿐, 회한만 가득 찰 뿐이다. 하지만 후회란 지난 시간을 반추하며 느껴지는 기억의 한 잔상(殘像)이며, 다시 돌아올 수 없는 인간과 인생의 생리상, 후회를 하지 않는 경우는 거의 없다고 봄이 타당할 것이다. 후회는 어차피 피할 수 없고, 단지 후회의 모습이 얼마나 깊고 아쉽냐의 문제인 것이다.

후회는 누구에게나 오기 마련이다. VIP(Very Important Person)라고 예외는 아니다. 대통령이 퇴임 후 불행해지고, 재벌 회장도 극도의 스트레스에 시달려 자신의 업(業)을 후회하고, 인기 있는 대중연예인도 극단적 선택을 하는 경우까지 있다. 후회는 인간의 본성이자 가슴 속에 있는 회한이자 아쉬움이라 할 수 있다. 해서 누구도 피해갈 수 없으며, 어떻게 자제하고 극복하는가가 중요하다고 하겠다.

성공이라는 금자탑을 쌓는 데는 수많은 실패가 도사리고 있다. 실패 없는 성공은 있을 수 없으며, 실패가 성공의 어머니라는 사실은 인간사의 법칙이기도 하다. 누구나 그러하듯 인생을 살아가면서 마냥 꽃길만 걸을 수 없고, 숱한 가시밭길을 거치게 된다. 겉으로는 쉬워 보이는 인생이지만 실제 안으로 들어가 보면 그렇지가 않다.

후회도 마찬가지일 것이다. 저 높은 고지의 목표를 정해놓고 꾸준히 행군을 하더라도 후회는 있기 마련이다. 누구에게나 공평하게 다가온다. 사르트르는 "인생은 B(Birth)와 D(Death) 사이에서 C(Choice)의 연속"이라 했다. 태어나 죽을 때까지 선택의 연속이라는 말이다.

그 무수한 선택이 반드시 합리적이고 이성적이어서 후회를 하지 않을 수가 있을까? 후회는 누구나 맞닥뜨려야 하는 필수사항이다. 단지 그러한 후회를 성취와 보람의 느낌으로 바꾸는 노력이 중요하다. 후회는 다분히 주관적이고, 과정이 아닌 단지 결과물일 때가 많다. 비록 후회가 전체 마음의 90%라 할지라도 나머지 10%를 성취의 과정으로 바꿔 생각한다면 후회는 점차 감경될 것이다.

나는 인생의 후회를 하지 않았는가? 다행히도 60세가 되기 전까지는 별로 없었던 것 같다. 지방언론에 몸담은 30여 년 동안 한 번도 후회를 해본 적이 없었다. 가정과 가족에 대해서도 후회를 해본 적이 없다.

그러나 나이 들수록 한 가지씩 후회가 되는 것은 웬일인가. 나의 가장 큰 후회라 함은 나를 둘러싼 외부적 환경 때문이 아니고 나 자신의 문제이다. 용기가 부족했던 것이 가장 큰 후회의 한 가지이다.

기사 작성 때도 앞서 나가지 못하고 '일을 저지르지' 못했다. 좀 더 정확한 기사를 작성한다는 취지로 해석하면 용기 부족이 면탈도 되겠지만, 나 자신은 지금도 용기가 부족하다고 생각한다. 용기 부족은 직장뿐만 아니라 인생 전반에 걸쳐졌지 않았을까 생각한다.

아마도 신문사를 퇴직하기 전 좀 더 혜안과 용기가 있고, 진작에 물러날 각오로 임했다면 중도하차를 막았을 수도 있었지 않나 하는 후회가 든다. 퇴직 10년이 넘은 지금도 속물근성이 아직 남아 있냐고 나무랄 줄 모르겠지만, 과거를 탓하는 것이 아니고 당시의 나의 용기 부족을 말함이다. 되돌아보면 별것 아닌데도 말이다.

그러나 도중하차로 나는 다른 세계를 경험할 수 있었다. 기존의 직장에서 안주하지 않고 '잘렸기에' 또 다른 기관의 장(長)과 대표를 경험했으며, 돌아보니 인생사 일희일비할 게 아니라는 교훈을 체험했다.

이제 경제적 수단과는 거리가 멀어진 지금에서는 '왜 돈을 많이 못 벌었던고?' 하는 후회가 들기도 한다. 원래 기자 직업과 돈과는 무관한데 이제 와서 돈타령을 한다니 돈과 경제에 대한 자각(自覺)이 늦어도 한참 늦다.

현직에 있을 때 좋은 개발정보나 빼내 땅이나 좀 사놓을 걸 하는 후회가 막급하다. 땅이 최고이며, 부동산 불패라는 사실을 60대 중반이 되어 알았으니 머리가 나빠도 한참 나쁘지 않은가? 되돌아보니 이런저런 상념이 고개를 슬며시 치켜든다.

그러나 어찌하랴. 세월은 흘렀고 지나온 세월을 돌이킬 수 없는 것을. 설령 나이를 거꾸로 먹어 옛날로 돌아간다 해도 지금의 생각은 바뀌지 않을 것이다. 하루 세끼 밥 먹고 부모님 잘 봉양하고 자식 굶기지 않고 잘 키웠으면 됐지 무엇을 더 바라겠는가. 또한 '쟁이(기자)'가 돈에 집착한다면 자칫 갈 곳은 한 곳뿐, '국립 교정학교(감옥)' 밖에 더 있겠는가?

호스피스 병동의 사람들은 환자들이 아주 편하게 돌아가시도록 돕는다. 정신적, 육체적 고통에서 초월하여 편한 임종을 맞도록 도와준다. 후회도 가능한 한 줄이고 긍정의 이미지로 교환하는 것이다.

그렇다. 후회는 태어나면서 모두가 가지는 운명적인 것이 아닐는지. 누구도 피해 나갈 수 없는 업보(業報)일지도 모른다. 그렇다면 후회를 성취와 보람의 느낌으로 바꿔보는 게 좋을듯하다. 그것이 후회를 줄일 수 있는 한 방안이 아닌가 생각한다. 후회를 하고 안 하고는 다분히 자신의 주관적 사고(思考)에 달려 있고, 결과만 중시하는 경향이 있기 때문이다. 목표를 향한 과정도 충분히 존중되어야 한다.

은퇴 후부터가 인생의 황금기다, 하루하루를 즐겨라

사람이 인생을 살아가면서 우여곡절이 있겠지만, 황금기라고 말한다면 은퇴 후의 60대 이후가 아닐까 생각한다. 왜냐하면 보다 성숙한 삶을 살 수 있고, 자유롭고, 그나마 건강을 유지할 수 있기 때문이다. 걱정이라는 게 훨씬 줄어들었고, 때론 아무 생각이 없는 멍때림의 편안한 시간을 가지는 여유도 있다.

100세 인생을 살아가는 한 저명한 철학 교수는 "살아보니 인생의 황금기는 65세부터 75세까지더라"고 말한다. 나는 75세가 되지 않았지만 이 노교수의 생각에 동조한다. 철학적으로 어렵게 풀어서 이러한 답을 낸 게 아니라, 생리적으로 아직 괜찮은 시기에서 편안한 시간을 보낼 수 있어서 그렇다. 몸도 마음도 여유가 있다. 바쁜 일상에서 탈출하여 자유롭고 인생을 즐기고 관조할 수 있는 시기가 아닌가 싶다.

70대의 지인 선배가 40~50대 후배들에게 이렇게 말한다. "너희들 늙어봤냐? 나는 늙어봤어", "늙으면 어찌 될 줄 모르지?", "나는 알아"라고 말한다. 선문답 같은 이런 말은 하는 것은 그동안 열심히 살았다는 증좌이며, 지나온 삶이 결코 후회스럽지 않다는 의미도 담겨 있을 것 같다.

노년의 행복은 단순히 돈만이 아니라 얼마나 열심히 성실하게 살았으며, 베풀며 보람있는 삶을 영위했느냐에 따라 결정될 것이다. 내가 보기에 그는 어렵게 공부하여 철강사업에 몸담고는, 지역사회에 베풀었다. 항상 겸손과 낮은 자세로 일관하여 존경받고 있으며, 회사의 사원복지도 대기업에 전혀 못지않게 신경 써 모범이 되고 있다.

잘 알고 지내는 60대 후반의 한 여성은 이렇게 말한다. "늙어보니 이렇게 좋은 것을…. 왜 진작에 늙지 않았을꼬?". 이유는 간명하다. "부모님 가셔서 모실 일 없고, 아이들 다 커 신경 안 써도 되고, 시간 많고 아직은 건강에 별 탈 없어 운동하고 취미생활하고, 여행 가고 맛있는 것 먹고, 매달 연금 나오니 돈 걱정 없고".

너무 세속적인 이유이긴 하지만, 따지고 보면 사는 게 다 이 범주를 벗어나지 못한다. 세상 대부분의 사람들이 아마도 이러한 조건을 충족하지 못하고, 근심 걱정에 시달리고 있다고 봐야 한다. 잘살고 못 살고, 자리가 높고 안 높고를 떠나 하루하루 사는 것은 별 차이가 없다. 등 따스하고 배부르고, 걱정 없는 게 잘 사는 것이다.

노년 예찬론이 아니다. 사람 사는 게 다 거기서 거기라는 것을 강조하기 위함이다. 사는 정도와 신분에 따라 굉장하고 거창한 행복을 누리고, 아니면 큰 걱정과 갈등에 시달릴 것 같지만 속을 들여다보면 다들 비슷하다. 사소한 일에서 불행이 싹튼다. 돈이 행복을 보장하는 것도 아니다. 재벌이든 고관대작이든, 평범한 보통사람이든, 누구든 태어나면 끝없는 스트레스에 시달려야 하고, 죽을 때까지 근심 걱정에 시달린다.

물론 노년이 되고, 늙는다 해서 모든 근심으로부터 자유로워지는 것은 아니다. 사람에 따라, 사는 형편에 따라 각기 다르다. 그러나 은퇴 후가 되면 여러 걱정으로부터 조금은 자유로워지는 것은 틀림이 없다.

나의 이런 생각에 많은 지인들이 동조를 한다. "그래 맞아, 지금 부부 두 사람이 편하게 잘 지내면 돼. 인생 별거 없어, 오늘 하루를 즐겁게 행복하게 잘 살면 되는 거야. 건강할 때 맛있는 것 먹고, 여행하고, 오늘을 즐겁게 사는 거야. 내일보다는 오늘, 먼 미래보다는 지금에 만족하고 후회 없이 잘 보내야 해". 사람 사는 게 각기 다르고 사정이 있겠지만 나는 모름지기 은퇴 후의 생활은 이렇듯 즐겁고 재미있게 지내야 한다고 본다. 하고 싶은 것 하고, 가고 싶은 곳 가고, 돈도 한번 써보고, 배우고, 운동하고, 아름다운 추억도 만들며 후회 없이 살아야 한다. 늦었다고 생각하는 때가 빠른 것이 아니고 실제 늦은 것이니, 더 늦기 전에 잘 지내야 된다는 말이다.

물론 지나온 인생에 대한 후회와 회한도 있다. 그러나 어찌하랴? 이제는 모두를 놓아야 하는 것을. 출세도 욕망도 부귀도 마음을 비우고 다 떠내려 보내야 하는 것을. 아무리 현실적인 조건이 좋다 한들 자신의 가슴에 꽉 찬 욕망을 비우지 못하면 또 번민에 시달린다.

혹자는 내가 못 이룬 꿈을 자식 대에 이루겠다는 생각도 가지겠지만, 정말로 그런 생각은 먼 기억 속으로 흘려보내야 한다. 설령 그러한 꿈을 가졌다 하더라도 자식이 원하지 않으면 망상에 불과하다.
이제는 가정에 봉사하는 것이 먼저이다. 나이 듦의 행복은 원만한 가정과 부부관계에서 나온다. 가장 기본적이고 1차적인 과제이다. 친지와 친구와 심지어 자식까지도 멀어지는 것이 세상의 이치이다.
결국 서로 의지할 수 있는 사람은 남편과 아내 두 사람뿐이다. 밖에서는 통 큰 천하호인으로 행세하고서도 집에서는 냉장고 콩나물을 헤아리는 남편은 물론, 밖에서는 봉사한다며 싹싹하고 상냥하면서도 집에서는 남편을 '삼식이' 취급하는 아내는 옳지 못하다. 나이 들수록 부부는 더 솔직해져 서로를 걱정하고 사랑해야 한다. 둘 중 한 사람을 졸지에 잃으면 그 상처는 너무 크다.

남편이든 아내든 밖에서 사회활동 한다고 큰소리치면서 가정에 소홀하다면 이율배반이고 위선이다. 정말 웃기는 일이다. 주변에 그런 사람이 많이 있다. 그동안 그랬다 하면 이제부터라도 삶의 방식을 바꾸어야 한다. 그것이 행복의 지름길이다. 나는 남편과 아내라는 부부 사이일지라도 이 문제에 있어서는 남편이 솔선수범해야 한다고 생각한다. 남편이 앞장서면 아내는 자연 따라온다고 믿는다.

다음으로 형편 되는 대로 봉사나 베풂 등 주변을 둘러보면 좋을 것 같다. 이웃과 잘 지내는 것도 손쉬운 방법에 들어간다. 아파트에 수십 년 함께 살면서도 인사 한번 안 하는 게 요즘의 세태이다. 잘 모르는 사람도 인사를 해주면 매우 고맙다. 나는 아파트에서 고령 축에 들지만 가능한 한 먼저 인사를 하는 쪽이다. 나이 든 쪽에서 먼저 인사를 한다면 좋아하지 않겠는가?

이처럼 소소하고 작은 일도 봉사이다. 봉사라고 한다면 꼭 돈을 내서 도움을 준다든지, 양로원을 찾는다든지 등 크게 생각하겠지만 실상 그렇게 잘 안 된다. 억지로 봉사를 찾아 할 이유는 없다. 봉사를 위한 봉사가 되어서는 안 된다.

베풂도 특별한 것은 없다. 친구를 찾아 먼저 밥 한 그릇, 막걸리 한 잔을 사면 그게 베풂이다. 지인들과 만나도 너무 돈 아끼지 말고 먼저 내는 여유를 가져보자. 특별한 사람을 빼고는 사는 형편이 엇비슷하다.

노년 관련 책자를 찾아보면 자기계발을 해야 한다고 되어 있지만, 계발이 쉽지 않다. 그냥 평소 해오는 대로, 할 수 있는 것을 편하게 하면 된다. 새삼 봉사니 계발이니 하면서 소란을 피울 필요는 없을 것 같다. 나이 듦에 부끄럽지 않게 편안하고 평범하게 살면 될 일이다.

이런 생각은 가난하면서도 도를 지켜 편안하게 산다는 안빈낙도(安貧樂道)를 떠올릴지 모르겠다. 그러나 나이와 무관하게 활기차게 생활을 하는 사람도 얼마든지 있다. 나이 70에 신규사업을 시작하고, 40~50대 체력으로 만드는 등 교훈적 삶을 사는 사람들이다. 각자의 소질과 역량에 따라 그 사람의 삶이 달라지는 것이다.

다만, 은퇴 후 지금의 삶을 바쁘게 뛰던 현역 때와 비교해 보니 이러한 생각이 든다는 것이다. 설령 은퇴 후의 삶을 현역시절로 되돌려준다 해도 나는 지금을 택할 것이다. 살아보니 인생의 황금기를 65~75세라고 말한 노철학자의 말이 맞고, 나 역시도 그럴 것 같다는 느낌이 들기 때문이다. 다시금 지금을 좀 더 즐겁고 재미있고, 보람되게 살고자 하는 생각이 강렬하다.

주변 사회 도움 없는
성공과 출세는 없다

우리는 태어나서 죽을 때까지 빚을 진다. 큰 빚이든 작은 빚이든 빚을 지고 산다. 사회가 아무리 매정하다고 해도 그 속에서 정이 샘솟고 사랑이 싹튼다. 사회로부터 빚을 지고 사는 것이다. 이미 지금까지 많은 빚을 지고 있다.

늘 주변 사회에 감사하는 마음을 가져야 한다. 인간은 사회적 동물이라는 말을 굳이 하지 않아도 될 것이다. 나이가 들수록 사회에 진 빚을 갚아야 한다는 보은(報恩)의 마음을 늘 가져야 한다. 흔히들 성공과 출세를 하면 "나 잘났기 때문"이라고 말한다. 하지만 그것은 틀렸다. 사회라는 큰 틀 속에서 보이지 않는 여러 사람과 단체의 도움을 받아 된 것이지, 혼자서의 힘만으로는 불가능하다.

당장에 부모 형제 등 가족의 도움이 없이는 성사되지 않는다. 그 도움이 물질적인 도움이 아니고 당장에 도움이 안 될지라도 어차피 도움을 받게 된다. 그리고 친구, 선·후배, 학교사회, 지역사회, 국가 등 숱한 주변의 도움을 알게 모르게 받는다. 단지 당사자가 그것을 잘 모르고, 알아도 쉽게 망각할 뿐이다.

자수성가(自手成家)라 할지라도 100% 혼자의 힘으로 성취할 수 없다. 그것은 불가능하다. 주변의 도움 없이는 이룰 수 없다. 누구든 어떤 식으로든 도움을 받는다. 독불장군은 존재할 수 없다. 신앙을 가진 사람들은 예수님, 부처님 등의 도움으로 소원을 이뤘다고 말한다. 그것이 인간사회이다. 살아가는 사람들의 일반적인 사고이자 기준이다.

하여 나이가 들수록 좀 베푸는 마음을 가져야 한다. 베푸는 것은 꼭 돈만이 아니다. 마음과 정성으로 주변에 얼마든지 베풀 수 있다.

불교 경전인 《잡보장경(雜寶藏經)》에는 "무재칠시(無才七施)"라는 말이 있다. 재물이 없더라도 남에게 베풀 수 있는 일곱 가지 보시가 있다는 말이다.

화안시(和顏施: 온화하고 미소 띤 얼굴로 남을 대함), 언시(言施: 아름답고 자상한 말로 베풂), 심시(心施: 착하고 어진 마음으로 대함), 안시(眼視: 부드럽고 편안한 눈빛으로 대함), 신시(身施: 무거운 짐을 들어주는 등 몸으로 도움), 상좌시(床座施: 자리를 양보함), 방사시(房舍施: 잠잘 곳이 없는 사람에게 방을 내주어 재워주듯 상대의 속을 헤아려 도와줌)이다.

우리는 살고 있는 지역과 국가의 시스템과 인프라의 도움을 무수히 받는다. 이런 도움은 도움이 아니라고 생각도 하겠지만, 잘못된 사고다. 나 홀로 고립되어 있는 무인도를 상상해 보라. 무인도에서는 사회적 도움을 기대할 수 없다. 그러나 무인도마저도 물이 있고, 과일이 열린다면 자연의 도움을 받는 것이다.

영화 〈캐스트 어웨이(Cast Away)〉에서 주인공 척 놀랜드(톰 행크스 分)는 비행기 사고로 무인도에 표류한다. 그로부터 탈출할 때까지 4년간 힘이 되어준 것은 사랑하는 애인을 위해 살아야 한다는 희망과 신념이었고, 섬과 바다에서 제공하는 먹을거리였다. 무인도에서도 혼자만은 아니었다. 애인과 애인의 사진, 자연의 도움을 받았다.

좋은 환경에 태어난 것만 해도 사회와 국가의 도움을 받는다는 사실을 알아야 한다. 우리는 나라가 빼앗겨 식민 지배 당하고, 강대국에 침탈당하는 수모와 치욕을 경험했다. 그 암담하고 참혹한 시절을 잊어서는 안 된다. 독립 국가의 중요성을 뼈저리게 느꼈다.

외국인들이 한국에 와서 깜짝 놀라는 여러 가지 것들이 있다. 6.25 전쟁에 참전했던 노구(老軀)의 용사들은 한국이 전쟁의 참화를 이겨내고, 세계 10위권의 경제발전을 이뤄낸 것을 기적이라고 말한다. 사실 기적과 다름없다.

그 기적의 저변에는 한국인의 근면과 성실, 노력이 깔려 있다. "하면 된다", "잘살아 보세"를 외치면서 땀 흘리며 노력한 결과이다. 우리는 그러한 좋은 국민성을 갖고 있다. 그리고 치안, 인터넷, 반도체, 지하철·버스를 비롯한 대중교통 시스템, 의료보험 등은 세계 최고 수준이다. 특히 의료보험은 오바마 전 미국 대통령이 칭찬했을 만큼 훌륭한 것으로 평가받고 있다.

자정이 넘어서도 혼자 다닐 수 있는 치안은 우리나라만이 가진 국력이자 자랑이다. 밤낮을 가리지 않고 물품이 즉시에 문 앞에 배달되고, 며칠을 놔두어도 그대로 있는 현상, 놀이터 공원까지 속속 음식이 배달되는 배달문화, 어디 가든 화장지가 준비된 깨끗한 무료 화장실, 공원마다 운동기구가 구비된 무료인 공영 야외헬스장(?) 등을 외국인들은 어떤 눈으로 바라볼까? 아마도 놀라 자빠지며 "원더풀"을 외칠 것이다.

수년 전 독일 여행을 가 그곳의 한국인 민박집에 묵었을 때 들은 이야기이다. 인터넷 고장을 신고하면 빨라야 1주일, 보통 보름 이상 걸린다고 한다. 우리나라처럼 '당일 즉시 처리'는 세계 어디에도 없다. 스위스에 갔을 때 화장실 찾기가 힘들었다. 겨우 찾았는데 유료였다. 대한민국에서는 보기 힘든 광경이다.

이 외에도 우리나라의 좋은 점이 참 많이 있다. 나라 자랑이 아니다. 자랑하려고 한다면 너무 많아 한 번에 할 수도 없다. 문제는 우리 국민들이 우리의 장점을 잘 모른다는 데 있다.

느닷없이 국가 자랑을 하게 된 것은 그만큼 개인의 성공 뒤에는 당사자의 노력과 열성뿐만 아니라 자신이 살고 있는 지역과 사회, 국가의 인프라와 여러 인맥의 도움도 크게 받는다는 것을 강조하기 위해서이다. "나 혼자 힘으로 이뤘다"고 말하지만 이는 세상을 너무 모르는 소리이다.

학벌이라고는 초졸(初卒, 옛 국민학교 졸업)이 전부인 15세 소년은 동네 술도가에서 일을 했다. 성실한 자세로 궂은일을 다 하다 어시장에서 경매 일을 배우기 시작하여, 지금은 어엿한 수산회사 대표가 되어 지역사회에 봉사를 아끼지 않는다. 유일 모교인 초등학교 동창회장이 되어 거액을 기부했다. 그는 "학벌도 집안도 없는 나를 이렇게 키워준 것은 사회에서 만난 수많은 사람들과 업체들이었으며, 그런 인연과 도움이 아니었다면 오늘의 나는 없었을 것이다"라고 말한다.

세상은 절대로 나 혼자만의 힘으로 되지 않는다. 혼자 독점하는 사회는 공산 독재사회뿐이다. 협조와 협력, 양보와 봉사가 아닌 총칼로 지배하는 국가이다. 그런 폐쇄사회에서도 1인자가 때로는 측근에 의해 배신당하는 경우까지 있으니 영원히 군림할 수는 없다. 측근들과 함께 가야 하고, 도움을 주고받아야 한다. 권력자와 권력층이 형성되어 상부상조하는 것이다.

그렇다고 당장에 사회의 빚을 갚으라는 이야기는 아니다. 봉사와 기부를 강요하는 것도 아니다. 그냥 사회에 감사하는 마음을 갖고 겸손하게 살아가면 된다. 사회의 엄연한 구성원이면서 대책 없이 사사건건 사회를 비판하고 비판하는 것은 옳은 행동이 아니다. 좋은 점은 칭찬하고 개선해야 할 것은 바른 지적을 하면 된다. 뒤에서 수군대는 것만큼 비겁한 행동은 없다.

겸손하고 감사하는 마음가짐이란 어떤 것일까? 상식과 도리에 맞는 언행일 것이다. 오늘의 나를 있게 해준 가족과 주변 사회에 고마움을 잊지 않는 정직함이다. 늘 사회로부터 진 빚을 살아가면서 갚는다는 진솔한 마음이기도 하다. 나의 성공과 출세는 나 혼자만의 힘으로는 이룰 수 없다는 사실을 다시금 상기한다.

1955~1963년생, 베이비 붐 세대에게 드리는 축사

우리나라에서 베이비 붐 세대는 6.25 전쟁 후인 1955년부터 1963년 사이에 태어난 사람들을 말한다. 당시 출생률이 급격히 증가하여 붙여진 이름이다. 지금 모두 60대의 나이다. 거대한 인구집단으로, 나라 전체적으로 700만 명이 넘는다고 한다. 전쟁 이후 고도성장과 경제중흥기를 다 거친 대한민국 발전의 주역들이다. 1997년 외환위기, 2008년 글로벌 금융위기, 쓰라린 구조조정도 경험했다.

세계적으로는 제2차 세계대전이 끝난 후인 1946년부터 1964년 사이에 태어난 세대이다. 미국, 영국에도 베이비 붐 세대(1946~1965년)가 있고, 일본에도 단카이(團塊) 세대라 하여 1947년에서 1949년 사이에 태어난 사람들을 말한다. 클린턴(1946년생) 전 미국 대통령도 베이비 붐 세대라는 것은 널리 알려진 이야기이다. 윤석열 대통령

(1960년생)도 베이비 붐 세대이다.

이제 장년이 된 이 세대 사람들의 지나온 세월이 바로 국가와 사회가 겪었던 지난 50~60여 년 세월의 궤적으로 봐도 무방할 것이다. 우리나라의 사회·경제 등 국가 전반의 발전 과정에서 베이비 붐 세대를 빼놓고 말하기는 어렵다.

초등학교(옛 국민학교) 시절, 학생 수가 많아 오전, 오후반으로 나눠 2부제 수업을 했다. 한 반이 50~60명이나 되는 콩나물 교실에서 수업을 받았다. 또한 입시제도의 변혁을 겪었다. 1968년까지는 초등학교에서 중학교로 가려면 시험을 치고 합격해야만 가능했다. 치열한 입시경쟁이었다. 이른바 '명문' 중학에 들어가기 위해 학생은 물론, 온 집안이 동원됐고, 재수는 비일비재했다. 농어촌 지역에서 도시의 명문 중학에 들어오기 위해서는 전교 1, 2등 하는 학생이어야만 합격증을 받을 수 있었다.

그때도 형편에 따라 과외수업을 받기도 했다. 과외선생님 집에서 숙식을 하며 새벽에 일어나 공부를 하고, 어머니가 이고 온 아침밥을 먹고 학교로 갔다. 하루 종일 수업을 하고 학교를 나올 때면 달이 휘영청 떠 있었다. 저녁도 과외선생님 집에서 먹고 공부를 하고는 잠이 들었다. 이런 생활이 반복되니 학교 수업시간에는 잠이 쏟아져 꾸벅꾸벅 졸기가 일쑤였다. 중학교 시험일에는 학교 교문에 합격을 기원하는 엿과 떡이 덕지덕지 붙었다.

그러던 것이 대변혁이 일어났다. 이른바 '뺑뺑이'라 불리는 중학

무시험이다. 1969년에 서울에서 처음 시행된 후 1971년에 전국적으로 확대됐다. 워낙에 입시경쟁, 입시지옥이 심해 완전히 제도가 바뀌어진 것이다. 고등학교는 '명문고'가 한동안 유지되었으나 점차 평준화로 바뀌고, 기존의 '명문고'는 역사 속으로 사라지고, 신흥 명문고가 나타나기 시작했다.

평준화 이전 세대인 1955년생의 경우 대한민국에서 가장 입시시험을 많이 치른 세대이다. 중, 고교 시험을 거쳐 대학에 들어갈 때에도 예비고사, 본고사의 관문을 거쳤고, 예비고사는 1, 2 희망지역으로 두 곳을 지원할 수 있도록 제도가 바뀐 첫 세대이기도 하다. 시험이라는 시험은 다 친 세대이고, 시험지옥에 파묻힌 세대로도 기억할 수 있다.

또한 베이비 붐 세대에 관한 한 1958년생 개띠를 빼고 말할 수 없다. 베이비 붐 세대의 대표 격 같은 느낌도 있다. 1958년생과 개띠라는 용어는 따로따로 떨어지지 않고 항상 붙어 다닌다. 그만큼 유명하다는 말이기도 하다. 개띠는 수적으로도 많고 개의 성정을 말하듯 생활력이 강하고 남성다운 느낌이 든다고 한다.

어느덧 세월이 흘러 1958년생도 나이 60세 중반을 넘어섰고, 베이비 붐의 마지막 세대인 1963년생까지 은퇴의 문에 다다르고 있다. 국가 중흥과 사회발전에 남다른 고생을 한 베이비 붐 세대들이 퇴역을 하고 있는 것이다.

그들의 퇴역은 타 세대에 비해 사뭇 다른 의미가 있다. 왜냐하면 그들은 조국의 발전과 흥망성쇠, 민주화의 거센 물결을 직접 몸으로 체험한 세대이기 때문이다. 몸으로 부대끼면서 국가와 사회의 변모를 감당하였다. 부모 세대뿐만 아니라 자식 세대에까지 수범적인 면을 보였다. 동시대에 태어난 그들은 국가와 가정을 풍요롭게 이끌어낸 장본인들이다.

물론 나이가 찬다고 해서 은퇴를 하는 것만은 아니다. 아직도 사회 모든 분야에서 활기차게 뛰고 있는 베이비 붐 세대들도 얼마든지 있다. 그들에게는 더 많은 박수를 보낸다. 각기 건강과 전문성, 주어진 여건에 따라 열심히 현역에서 뛰고 있는 것이다.

못 사는 나라의 아이들이 이렇듯 역경을 이겨내며 신념을 갖고 열심히 살아온 것은 '성공해야 한다'는 자신들의 굳건한 각오와 자식들만은 공부를 잘 시켜 가난에서 벗어나게 하고, 출세를 시켜야 한다는 부모 세대의 초지일관 일념 때문이었다.

그들은 사회로 진출한 후 열심히 일했다. 밤을 새워 가족을 위해 일하며, 부모님을 모시고, 아이들을 키웠다. 그때는 주 5일 근무라는 말 자체가 없었다. 일을 할 수만 있다면 주 7일이라도 해내고, 야근까지 하던 시기였다. 돈을 벌기 위해, 잘살기 위해, 가족을 먹여 살리기 위해 직장에서, 사업현장에서 불철주야 뛰었다. 돈이 되는 곳이면 세계 어디라도 달려나갔다.

베이비 붐 세대들이 몸을 돌보지 않고 열심히 일하고 노력하는 동안 국가와 사회는 비약적인 발전을 거듭하게 되었다. 그래도 그들에게 취업의 문은 2023년의 오늘처럼 어렵지는 않아 열심히 일한 만큼 보상도 받았다. 내 집과 내 자동차를 갖고 나름 괜찮은 생활을 했으며, 경제적 부도 축적하였다. 해외여행의 물꼬가 터지면서 해외여행도 비교적 자유롭게 하였다.

이제 대한민국은 세계에 부끄럽지 않은 나라가 되었다. 원조를 받는 수혜국이 아닌 원조를 하는 선진국의 나라로 변신했다. 국제사회의 당당한 일원으로 성장하였다. 누가 뭐래도 조국이 이만큼이나 잘 살게 된 그 뒤안에는 모든 국민들의 노력과 함께 베이비 붐 세대의 땀과 수고를 빼놓을 수 없다.

베이비 붐 세대가 겪은 입시경쟁도 세상 어디에 내놔도 뒤지지 않을 아이로 키우느라고 노심초사한 그들의 부모 세대의 정성과 바람, 눈물 때문이었다. 그런 경쟁을 통해 열심히 공부하지 않았더라면 석유 한 방울 나지 않는 작은 나라에서 어떻게 G7의 선진국 대열에 버금갈 만큼 성장할 수 있었을까?

그러나 현실은 만만찮아 IMF 외환위기로 직장을 떠나야 했고, 구조조정이라는 칼바람을 맞고 쓸쓸히 퇴진도 하였다. 아직도 아이들을 출가시키고, 병약한 노부모를 모셔야 하는 과제가 남아 있는데 찬바람이 매섭게 불어온 것이다. 이는 전체 국민들이 경험한 쓰라린 아픔이지만, 국가의 성장 과정에서 한 축을 담당한 베이비 붐 세대에게는 더 큰 충격으로 다가왔을 것이다. 그 충격마저 힘들게 슬기롭게 이겨내고 있는 베이비 붐 세대이기도 하다.

전쟁 후 어려운 시기에 태어난 그들은 갖은 난관을 극복하고 부모 세대들을 극진히 봉양하고, 선대의 묘소를 돌보며 효를 실천하고 있는 세대이다. 자식으로부터 부양받는 것을 마다하는 세대이기도 하다. 컴퓨터와는 별반 인연이 없는 '컴맹' 세대이다. 이제 그들은 지나온 세월을 반추하며 인생을 돌아보고 있다.

힘들었지만 보람 있고 살아볼 만한 나의 인생이었다. 가난한 국가에서, 전쟁의 상흔이 채 가시기도 전인 혼돈의 시기에 태어나 나 자신과 가족을 위해 헌신했다. 이제 이렇게 치열하게 살아가는 세대들은 잘 없을 것이라는 생각도 해본다. 아, 지나온 나의 인생이여. 그래도 괜찮았던 나의 인생이었다.

그들의 노력과 노고는 마땅히 평가를 받아야 한다. 노후를 편안하고 풍요롭게 보낼 권리가 있다. 그들의 인생을 축하하고 격려할 만한 충분한 가치가 있는 것이다. 나 개인적으로도 나 자신을 사랑스럽게 생각하고 스스로 자축을 한다.

이제는 내 마음대로, 내 멋대로, 행복하게 여생을 영위해야 한다. '인생은 60부터'라는 말을 빌리지 않더라도 지금 나의 인생을 위해 최선을 다해야 한다. 가족은 그들에게 박수를 쳐야 한다. '삼식이'라니 도대체 그게 웬 말인가? 그렇게 불러서는 절대 안 된다. 가족을 위해 일한 그들의 노고에 감사하고 고마워해야 한다. 자식과 부모, 가족과 사회를 위해 한눈팔지 않고 일만 해온 세대이다. 그들의 피와 땀과 눈물을 외면해서는 절대 안 된다.

우리는 그들의 따뜻한 삶과 건강을 지킬 수 있도록 배려를 해야 하고, 그들 또한 잃어버린 청춘과 젊음과 건강을 찾기 위해 스스로 노력을 해야 한다. 이제는 나를 먼저 찾아 나를 위한 삶을 살아야 하고, 사고(思考)와 트랜드 또한 나의 것을 찾아야 한다. 때로는 안티에이징(Anti-aging, 인체의 노화를 예방 또는 늦추거나, 방지하여 젊게 하는 개념)도 필요로 할 것이다. 멋도 내야 한다.

베이비 붐 세대는 자신이 '시니어(Senior)'라고 불려지는 것도 사양한다. 아직은 시니어가 아닌 중장년과 노년의 사이에 있는 '특별한 세대'라고 자칭하고 있다. '뉴 시니어(New senior)'이자 '젊은 시니어'다. 이것이 중요하다. 시니어를 인정하지 않으려는 이 마음, 젊음에 대한 욕구이자, 그동안의 일과 노력에 대한 보상의 심리이기도 하겠다. 그들에게 지난 세월은 하루하루가 열정과 보람의 연속이었다.

젊지도 늙지도 않은, 아직은 청년의 뜨거운 심장이 고동치는 '젊은 시니어'. 세상을 조용히 관조하면서도 무엇이든 다 할 수 있는 자신감이 있다. 마음은 여전히 청춘이다. 청춘의 피가 끓는다.

베이비 붐 세대의 첫 세대인 1955년생은 곧 70대가 되며, 1963년생은 환갑이다. 나이로는 그렇다 하더라도 생각을 젊게 하면 50대의 '젊은 오빠'로도 변신할 수 있다.

어차피 인생은 짧고, 모든 사람은 죽게 마련이다. 가족과 사회와 국가를 위해 열심히 일한 베이비 붐 세대, 그들은 노후를 잘 보내고, 몸과 마음이 편안하고 행복해지는 웰빙(Well-being)을 해야만 한다. 삶을 즐겁고 보람있게 보내야 한다. 그것이 그들의 권리이며, 생을 행복하게 하는 길이다. 그들에게 드리는 축사이다.

인생, 좀 살아보니 별것 아니었어요.
잘난 사람, 못난 사람, 다 거기서 거기데요.
모두 팔자소관이 아니랍니까? 위로만 보지 말고 아래를 보세요.
나의 인생도 괜찮은 축에 들어가니 말입니다.
나이가 좀 드니 모든 것에 초연해집니다.
편하고 즐겁게, 내식대로 사세요.

그러려니

한의원에서 '그러려니'라는 말을 제대로 들은 것 같다. 그때 나는 가슴이 답답하여 한의원을 찾아 침도 맞고 한약도 먹었다. 그때 한의사가 하는 말, "불안해할수록 답이 없습니다. 걱정할수록 더 심해집니다. 그냥 '그러려니' 하고 마음 편안하게 가지세요".

가는 세월 잡을 수 없고, 오는 병 또한 막을 수 없으니, 오면 오는 대로 그냥 받아들이란다. '나는 아직 병들 시기가 아니야, 노화라니 말이 안 돼!'라는 사고에서 벗어나 '그럴 수 있지, 병이 올 수 있지. 인생 어차피 생로병사인데'라는 생각으로 바꾸라는 것이다.

그렇게 생각을 고쳐먹으니 좀 나아지는 듯 마음도 편안해졌다. 스님에게 "제 마음이 아픕니다"라고 말하니, 스님은 "그 아픈 마음 좀 보여주시오"라는 문답도 있다. 보이지 않는 이 마음을 어떻게 치유

할꼬? 어려운 과제이다. 하여 마음은 마음으로 치유하듯, '그러려니'로 마음을 고쳐 헤어나라는 말이기도 하다.

'그러려니'는 '그러다'가 기본형이다. '사안을 너그럽게 봐 이해한다'는 의미로 해석하면 될 것 같다. 딱 부러지게 단정하는 것도 아니지만 그렇다고 부정은 아닌 다분히 긍정의 뉘앙스이다. 긍정과 이해, 허용, 용인, 양보의 심리가 깔려 있다.

영어로는 'Let it go', 'Just let it go'로 나온다. '내버려둬! 마음 비워, (신경 쓰지 말고) 내려놓아!'라고나 할까. 대놓고 인정을 단정하는 것이 아닌 은연중 말없이 상대 또는 사안에 대해 그렇게 하도록 내버려둔다는 것이다. 그러니 마음이 편해진다. 시시비비를 가리는 것이 아니고 인정하는 것이니 시비가 있을 수 없다. 스트레스도 없다.

우리말처럼 긍정이면서 반드시 긍정이 아닌 속내 깊은 '마음속 내면의 긍정' 같은 언어이다. 다른 외국어 영역에서는 잘 찾기 힘들 것이다. 그런 방면에선 우리말이 세계 최고가 아닌가 싶다. 아무리 영역(英譯)을 잘했다 한들 '그러려니'의 진짜 의미를 전달하기에는 애로가 있을듯하다.

우리가 살아가면서 '그러려니'로 마음을 고쳐먹을 때가 한두 번이 아니다. 아니 생활의 전부가 그러할지도 모른다. 내 마음에 들지 않더라도 '그러려니', 성공하지도 출세하지도 못하더라도 '그러려니', 재물이 없더라도 '그러려니', 몸이 자주 아파도 '그러려니' 등 '그러려니' 해야 할 때가 너무 많다.

나 자신도 내 성질 잘 못 추스르는데 꼭 내 맘에 드는 사람이 세상에 잘 있겠는가. 세상이 내 마음에 꼭 맞추겠는가? 나도 다른 사람의 눈에는 밉게 보일 때도 있지 않겠는가? 내가 사랑한다고 해서 다 내 여인이 되던가? 문제의 원인은 나에게서 온 경우가 많다. "내 탓이오"이다. 성공도 출세도 재물도 건강도 사랑도 따지고 보면 다 나의 욕심이요 집착일 수 있다. 그러니 '그러려니'가 최상이다.

나는 요즘 어렵고 괴로운 일은 가급적 생각을 하지 않으려 하고, 그래도 생각날 때면 '그러려니'를 떠올리며 안정을 찾는다. 하여 '그러려니'는 긍정적인 의사나 생각, 양보 등으로 쓰일 때 가장 바람직하다. 나이가 들수록 '그러려니' 하는 지혜가 필요하다.

상대가 나와 너무 다른 행동을 할지라도 '그러려니' 하고 받아넘기면 그저 그만이다. 각자 의견이 틀리는 것은 틀리는 것이 아니라 '다르다'로 해석하면 된다. 의견이 다른 것을 인정하면 그것으로 존중하는 것이 된다. 다른 의견을 자기식으로 고집하다가는 싸움밖에 나지 않는다.

허나 무조건 '그러려니'로 일관한다면 자기의 색깔이 없는 비겁자가 될 수 있다. 잘못된 것을 지적하지 않고 지나가는 '예스맨'이 된다. 다중(多衆)이 공분하는 불의에 대해서도 '그러려니' 해서는 안 된다. 그것이 맹점이다. 그런 점은 자신의 소신과 양식으로 막아내야 한다.

황희 정승의 두 하인이 싸움이 붙었다. 한 하인이 먼저 자신이 옳다고 말하자, 황희 정승은 "네 말이 맞다"고 했다. 다른 하인이 "제가 맞습니다"라고 하자, "너의 말도 맞다"고 했다. 이에 부인이 "양쪽 다 맞다 하면 어찌 되느냐"고 말하자, "당신 말도 맞아요"라고 황희 정승은 말했다 한다.

　황희 정승의 이 같은 태도는 두 하인의 의견을 잘 들어주고, 비록 정승일지라도 편파적인 판정은 멀리하려는 의도가 있는듯싶다. 아니면 자신의 의견을 내지 않으려는 방관자적인 면도 있을 것이다. 하지만 두 사람 모두를 다독거리고 논쟁을 종식하려는 심정에서 '그러려니' 하지 않았나 하는 생각도 든다. 두 하인은 서로가 옳았다며 각자 만족했을지도 모른다. '그러려니'가 바라는 결과이다. 때로는 일희일비하지 말고 그냥 내버려두면 스스로 해결되기도 한다.

　'그러려니'는 '역지사지(易地思之)'의 생각, 상대 쪽을 서로 이해하는 측면이 강하다. 인생을 살다 보면 이익도 보고 손해도 본다. 그런데도 '내 논의 물만 댄다'는 아전인수(我田引水)식 생각은 자신의 생각과 이익으로만 움직이며 상대는 거들떠보지도 않는다.

　이는 협의와 양보와는 거리가 멀다. 자신만 무조건 옳으며 고집하는 것은 아집(我執)과 다름이 없다. '그러려니'가 못 된다. 상대를 이해하다 보면 때로는 손해 볼 때도 있다. 손해를 너무 마다하지 말고 향후의 큰 장사를 위해서는 지금의 작은 손해도 보는 아량이 필요하다. 그것이 인생을 살아가는 지혜이자 미덕이다.

　뒤로 자빠져도 코가 깨지는 재수 없는 날이 있고, 개똥밭에 이슬 내려 팔자를 고칠 때도 있다. 한 치 앞을 내다보기 어려운 게 인생살이다. 양보하며 열심히 살다 보면 '해 뜰 날'이 있다. 그렇다고 쉽게 포기나 좌절도 하지 않을 일이다. 영화 〈바람과 함께 사라지다(Gone with the wind)〉에서는 "내일은 내일의 태양이 뜬다(After all, tomorrow is another day)"고 했다. 오늘만 날이 아니고, 내일도 모레도 있다. 희망을 잃지 않으면 되는 것이다. '그러려니' 하며, 일단 나를 낮추고 상대를 존중하며 살자.

지금 우리는 '그러려니'가 많이 요구되는 시대에 살고 있다. 각종 이념이나 계파에 매몰돼 합리적인 의사를 도출하지 못한다. 서로의 의견이 다른 것이라도 이해하면 '그러려니' 하고 충분히 넘어갈 텐데도 유독 자기 의견만이 옳다고 고집을 한다.

아파트 내 주차와 같은 사소한 일을 두고 싸우기 일쑤이고, 급기야 목숨을 잃는 경우도 있다. 삭막한 사회이다. 정치는 더욱 그러하고 전혀 '그러려니'가 발을 못 내딛는 살벌한 대립의 현장이다. 특별히 '그러려니'가 요구되는 곳은 정계인데도, 전혀 진전이 되지 않고 매일같이 전쟁만 해대고 있다. 상대를 이해하지 못하고 마냥 흠만 잡으려고 한다. 내가 먼저 베풀지 않고 뭔가를 받으려고만 하다가는 아무것도 받을 수 없다.

'그러려니'는 긍정과 양보의 마음가짐이다. 양보가 결코 실패는 아니다. 한 발자국 뒤로 물러서 주는 것이지 패배와는 격이 다르다. 내가 조금 물러서는 지혜로 '그러려니' 하는 마음을 가져보자. 최소한 불필요하고 소모적인 논쟁은 줄일 수 있을 것으로 본다. 마음도 훨씬 편해진다.

사주팔자,
의존도 말고 외면도 말고

사주팔자(四柱八字) 중 사주란 넉 사(四), 기둥 주(柱)로 4개의 기둥을 말한다. 태어난 년(年)·월(月)·일(日)·시(時)이다. 년은 년주(年柱) 월은 월주(月柱) 일은 일주(日柱) 시는 시주(時柱)다. 이러한 4개 기둥이 모두 여덟 글자여서 사주팔자(4개 기둥 여덟 글자)라고 한다.

이는 곧 내가 태어난 생년월일시가 우주 속에서 어떤 위치에 해당되어, 어떤 기를 받느냐 하는 것이다. 또한 내가 태어날 때 받은 음양오행(陰陽伍行)의 기행이 무엇이냐 하는 것으로, 길흉화복과 인생을 점친다.

역학(易學)의 한 전문가는 이렇게 말한다. "사주팔자는 한마디로 천명(天命)이다. 자신의 천명 속에 세상만사가 자신과 어떻게 결부되어 있는지를 알 수 있다. 부모·자식·형제·부인·남편·직업·성격·적성·재운, 심지어 건강까지도. 木(목), 火(화), 土(토), 金(금), 水(수) 오행은 끝없이 돌고 돈다. 좋은 사주란 재(財)·관(官)·인(印), 즉 삼귀물(三貴物)을 구비해야 한다. 재는 재물, 관은 벼슬, 인은 덕성, 교육 등 인간적인 면이다. 하여 출산택일을 할 때면 이 삼귀물을 잘 갖춰 태생일을 잡는 게 보통이다".[04]

 그래서 사주는 일기예보와 같다는 논리이다. 비가 내리는 것을 막을 수는 없지만 피할 수는 있다는 주장이다. 또한 사주학은 미래에 대한 길흉화복(吉凶禍福)을 미리 예측한다는 부문에서는 점술이 맞지만, 직업이 다양해지고 스피디한 현대사회에서는 그보다 훨씬 넓은 분야에서 그 역할을 인정받아 가고 있다고 한다.
 나는 역학과 점술, 사주팔자 등에 대해 긍정도 부정도 안 하는 편이다. 그러나 굳이 따지자면 어느 정도는 믿는 구석이 있다. 새해 신수를 보러 가자면 가자는 쪽이고, 내가 안 가도 아내가 대신 가서 전달해 오는 말을 듣는 쪽이다. 맞든 틀리든 잘 참고만 하면 되기 때문이다. 사람의 일이란 마음에서 나오는 것이니, 모든 게 마음 쓰기에 달려 있다.
 역학도 경청하고, 불교의 윤회와 업(業)도 믿는 쪽이다. 운명도 있다고 본다. 아침에 신문을 펴들면 '오늘의 운세'를 빠트리지 않고 본다. 한국 사회에서 역학자들은 나름 자신들이 일반 사람들의 정신세계에 도움을 주고 있다고 한다. 맞으면 좋고 안 맞아도 교훈과 경계

---

04 정연태,《정연태 사주 이야기》, 도서출판 경남, 2011. 11, 16쪽.

로 삼으면 될 일이다.

　김홍신 선생이 자신의 책에서 쓴 재미난 이야기가 있다. 요약하면 이러하다.

"저는 소설을 쓰기 위해 무당과 점쟁이들을 만나기 시작했는데, 조선 팔도 유명인들과 20여 년 동안 교류를 하다 보니, 장난기가 생길 때면 얼추 무당 흉내로 신수도 봐주고 말질도 하곤 합니다. 내로라하는 무당이 무당보다 더 무당 같다며 신수를 봐달라며 복채를 내미는 장난을 할 때도 있을 정도입니다. 나이 마흔 살이 넘은 대한민국 사람이면 아무나 붙잡고 이렇게 점사(占辭)를 내리면 얼추 백발백중입니다.

초년에 고생했구랴
자수성가를 하셨어
부모덕이 지지리도 없구랴
죽을 고비 참 여러 번 넘겼어

이 네 마디를 던지면 누구라도 고개를 끄덕이지 않고 못 배길 것입니다."[05]

05　김홍신,《인생을 맛있게 사는 지혜》, 해냄출판사, 2009. 12, 66~67쪽.

좀 나이 든 한국인치고 어려서 힘들게 자라지 않았던 사람이 과연 얼마나 되겠는가? 모두들 어려운 시기를 보내며 자랐다. 따지고 보면 우리가 이렇게 잘살게 된 것은 1980~1990년대 이후로 불과 30~40년밖에 되지 않았다.

그 이전 시절 연탄가스 사고로 사망에 이르렀다는 기사가 겨울철에는 거의 매일 신문을 장식했다. 대학시절 하숙집에서 다음 날 아침 더운물로 머리를 감으려면 전날 밤에 세숫대야에 물을 담아 밤새도록 연탄아궁이에 얹어놓아야 가능했다. 더운물 한 바가지로 머리 감고 세수하고 발 씻고 청소하고 등 너무도 귀하게 아껴 썼다.

지금처럼 가스와 보일러, 에어컨을 손쉽게 켜며 사시사철 더운 줄, 추운 줄 모르고 산 게 얼마 되지 않았다. 나이 50세만 넘어도 어려운 시절의 기억이 생생할 것이다. 잊을 수 없는, 결코 오래되지 않은 눈에 선한 가까운 과거의 우리들 이야기이다.

우리의 살아온 과정이 이러하니 김홍신 선생의 점사가 거의 틀림이 없을 것이다. 사주팔자라고 해서 특별한 것은 없고, 누구나 공통적으로 느끼는 삶의 현상을 알기 쉽게 정리했다고도 볼 수 있으니까 말이다.

이런 측면에서 본다면, 사주팔자와 운에 너무 의존할 필요는 없을 것 같고, 그렇다고 외면을 할 이유도 없을 것 같다. 다만 사주팔자와 운(運)이 좋다 하여 노력하지 않고 자만한다면 대세를 그르친다. 또한 안 좋다 하여 미리 위축된다면 더욱 안 좋은 결과를 부추길 뿐이다. 성공도 실패도 각자 하기 나름이다. 묵묵히 열심히 매진한다면 안 될 일이 어디 있으랴.

팔자(八字)도 운(運)도 노력하는 사람에 따라오는 것이지, 그냥 공짜 복(福)으로 굴러들어 오는 것은 아니다. "우공이산(愚公移山)"이라는 고사성어가 있다. '늙은 우공이 산을 옮긴다'는 말로, 아무리 힘들고 어려운 일이라도 포기하지 않고 노력하면 이룰 수 있다. 어떤 사주팔자와 운이라 할지라도 개인의 노력과 집념을 능가할 수는 없다.

오래전 지인으로부터 들은 이야기에 박수 치며 머리를 끄덕인 기억이 난다. 이른바 죽을 때 '3걸', '좀 참을걸, 좀 베풀걸, 좀 즐길걸 또는 좀 재미있게 살걸'이다. 아직도 세상에 회자 되며 많은 사람들의 동의를 받고 있다.

사주팔자와 인생 팔자가 아무리 좋은들 죽어가면서 이런 후회를 했다면 쓸쓸하다. 그러니 살아 있을 때 즐겁고 행복하게, 보람있게, 후회 없이 베풀고 살 일이다. 사주팔자가 아무리 나빠도 살아가면서 선업(善業)을 쌓고 베풀면 인생이 좋아지고, 즐겁고 행복해질 것이다. 반면 악업(惡業)을 쌓으면 그 반대의 현상이 일어난다고 본다.

인생 팔자에 있어 선업과 악업의 구분은 분명 있다고 나는 믿는 쪽이다. 그 구분이 없다면 인생이 너무 질서가 없고, 억울하다. 상벌의 구분은 반드시 있고, 당대에 선업의 복(福)이 없으면 후대에 있을 것이다.

이런 말이 있다. 얼굴이 잘생긴 관상(觀相)은 몸이 튼튼한 신상(身相)만 못하고, 몸이 좋은 신상은 마음씨 좋은 심상(心相)만 못하다. 얼굴보다 마음가짐이 가장 중요하다는 얘기다. 사주팔자가 좋든 싫든 자기 하기 나름이다. 좋다고 뻐기지도 말고, 나쁘다고 힘 빠지지도 말며, 너무 의지하지도 너무 외면하지도 않을 일이다.

무탈하고 소박한 일상에 감사하며, 휘게(Hygge)를 느껴보자

　만약 내가 10억 원 복권에 당첨된다면 진정으로 기쁠 것인가? 너무 기뻐할 것 같다. 당장에 평생 돈 걱정은 안 해도 되니 그보다 더 기쁜 일이 어디에 있겠는가? 아마도 걱정이라면 너무 좋아 정신을 잃은 나머지 깨어나지 않을까 하는 것이다. 그것 말고야 기분은 최상일 것 같다.
　그러나 그런 걱정은 안 해도 될 것이다. 왜냐? 당첨이 안 될 거니까. 복권당첨 확률은 길을 가다 천둥 벼락을 맞고 죽을 확률보다 더 희박하다고 하니까 말이다. 한마디로 당첨 확률은 제로, 불가능이다. 그러니 망상에서 깨는 게 급선무이다.
　그래도 복권도 사지 않고 당첨을 기다리는 것은 정말 허황된 망상이니 일단 사놓고는 볼 일이다. 그래서 나는 어쩌다 한 번씩 집 앞편의점에서 복권을 사곤 한다. 지금까지 숫자 3개가 일치하는 5등(5천 원)에 한 번 당첨된 적이 있을 뿐이다. 그 돈으로 다시 복권을 사니 '꽝'이었다.

한편으로는 당첨 그 자체가 싫기도 하다. 왜냐하면 한 사람 한 사람의 피(?) 같은 돈이 모여 큰돈이 된 것을 당첨자 한 사람이 통째로 가로채는 것이 너무 '살인적' 도둑심보가 아닌가 생각하기 때문이다.

핀란드 사람들의 담백한 생활을 소개한 책자《진정한 심플라이프, 휘바 핀란드》의 저자 모니카 루꼬넨은 이 책에서 "반경 1m의 행복"을 말한다. "최소한의 수입만 있어도 얼마든지 행복할 수 있다. 심신이 건강하고, 하고 싶은 일을 하고 있으며, 무럭무럭 자라나는 아이들과 찬란하고 풍요로운 자연이 있다. 이것들은 돈이 필요하지 않다".

"자연은 영감의 근원이자 에너지와 행복의 원천이다. 안개비 속을 뚫고 자전거를 타고 도서관으로 향하는 길에서 신선한 공기와 성큼 다가온 여름의 향기를 느낄 때, 어두운 가을 하늘 밤, 아름답게 물든 단풍잎, 차분하게 내리쬐는 따사로운 햇볕, 여러 각도에서 비춰지는 은은한 달빛, 쾌청한 가을의 하늘, 캄캄하게 운치 있는 추운 겨울밤, 포근한 이불로 감싸는 것, 눈과 함께 찾아오는 고요함…, 행복이라고 인지하면 행복은 언제나 곁에 있다".[06]

"최근 전 세계적으로 '휘게(Hygge)'라는 말이 뜨고 있다. 덴마크어로 '편안함, 안락함, 아늑한 상태'라는 의미를 가지는데, 일상 속의

---

06 모니카 루꼬넨,《진정한 심플라이프, 휘바 핀란드》, 북클라우드, ㈜헬스조선, 2017, 121~122쪽.

소박한 즐거움과 여유로운 시간을 보낼 때 느끼는 행복을 뜻한다".[07]

휘게를 우리 식으로 말한다면 '소확행(소소하고 확실한 행복)'도 될 것 같다. 욕심내지 않고 현재의 편안한 생활에 만족하며 스트레스 없이 살아가는 여유이다. 10억 원이라는 큰돈이 없어도 행복함을 느끼며 살아갈 수 있을 것이다.

나 역시도 같은 생각이다. 하루하루를 무탈하게 지내는 데 무한히 감사하게 생각한다. 아침저녁으로 걷기와 그렇게 걸어도 무릎이 괜찮은 것도 감사하고, 비싸지 않은 가격에 점심 한 그릇을 제공하는 동네 음식점도 좋고, 매일 내가 쓰고 싶을 때 글을 쓸 수 있는 환경도 고맙다. 갑자기 추워지니 햇볕이 잘 쬐는 집 베란다에서 신문을 읽는 것 또한 얼마나 좋은지 모르겠다. 대학의 평생교육원에서 배우는 단학기공체조와 영어회화도 감사하다. 매일 탁구를 칠 수 있는 것도 행복이다. 가까운 친구들과 허심탄회하게 얘기를 나누는 것도 즐거움이다. "범사에 감사하다"는 말이 절로 나온다.

오랫동안 항암 치료를 받아오고 있는 친한 고교 친구는 "아침에 눈을 뜨고 천천히 시간을 보내는 하루하루가 너무 고맙다. 집안에 아픈 사람 없고, 내 몸 건강하면 아무런 걱정이 없을 것"이라고 말한다.

와병 중인 친구가 아니라 할지라도 주변의 모든 사람들은 건강을 가장 소중하게 생각한다. "건강할 때 먹고 싶은 것 먹고, 가고 싶은 곳 가고, 입고 싶은 것 입어라"고 말한다. 욕심도 욕망도 때가 있는

---

07   6번과 같은 책, 138~139쪽.

법, 늙고 병들어 움직일 수도 없으면 아무것도 할 수 없다. 해서 우선 오늘을 즐겁고 행복하게 보내야 한다는 것이다. 돈에 너무 집착하지 말고 편안하게 살라는 말이기도 하다.

그래서 그런지 우리 부부의 생활방식이 많이 바뀌었다. 일상의 평범한 순간들에 감사해 하고 소중하게 생각하는 것이다. 아침에 눈을 뜨는 것부터 감사해 하고, 밤에 곤하게 잠을 잘 수 있는 것도 고맙게 생각한다. 비록 큰돈을 들여 여행을 가는 것도 아닌 가까운 거리라도 한나절 여행이라 생각하고 다녀오면 그것도 즐거움인 것이다.

내가 사는 이곳 창원의 북면이라는 곳에는 오래된 온천이 있다. 마금산 온천이다. 전국적으로 유명한 온천은 아니지만 지역에서는 알아주는 곳이다. 전에는 1년에 한 번 갈까 말까 한 곳이었지만 요즘은 1~2주일에 한 번은 아내와 함께 다녀온다. 자동차로 30~40분 걸리니 가깝다.

코로나19 감염이 걱정돼 별도 욕실이 있는 가족탕을 이용한다. 한 번 이용에 2만 원으로 대중탕 목욕비 두 사람 합쳐 1만 2천 원에 비해 조금 비싸지만 감염을 피할 수 있으니 편안하고 안전하다(그래도 심하게 비싸지는 않은 것이다. 원래 2만 5천 원인데 코로나로 할인된 금액이다. 2021년 기준이다). 전에는 가족탕 이용은 생각도 못 해봤는데 코로나 때문에 생각이 났고, 이용을 해보니 꽤 오붓하고 편리했다. 코로나로 가족탕을 찾는 사람들이 의외로 많다. 주말에는 방이 잘 없다.

코로나 때문에 결혼 40여 년 만에 처음으로 가족탕이라는 것을 이용해 봤고, 모처럼 부부가 등도 밀어주고 해서 좀 더 가까워지는 듯한 느낌도 들었다. 돌아올 땐 간단한 점심도 한 그릇 할 수 있어 한나절 보내기에는 적절하다. 코로나19 때문에 생겨난 부부의 온천욕이지만 두 사람에게는 소중한 한나절 여행이고, 다녀오면 어느덧 하루가 지나간다.

친구들도 나와 거의 비슷한 생각을 가지고 있다. 만나면 건강과 정치 이야기가 화두인데, 건강이 훨씬 앞선다. "건강이 우선이다. 돈 아낄 생각 말고 맛있는 것 먹고, 가고 싶은 곳 가고, 우리가 살아봐야 얼마나 살겠노?" 하면서 생활을 즐기라고 말한다.

"조금 있는 돈, 자식에게 물려줄 생각 말고 무조건 즐겁게 쓰고 가야 한다"고 목청을 높인다. 정치 이야기도 많이 하는데 마음대로 지껄일 수(?) 있어 신이 난다. 왜냐하면 다른 사람들과는 정치에 대한 상대의 생각이 어떤지를 몰라 조심할 수밖에 없는데, 오랜 친구들과는 생각이 비슷하고 설령 달라도 다툴 염려는 전혀 없기 때문이다.

신문사 근무 시 '1만 원의 행복'이라는 시간이 있었다. 매주 한 번 요일을 정해 신문사 근처 주점 한 곳을 잡아 술 한잔을 즐기는 것인데, 회비는 딱 1만 원이었다. 상하를 막론하고 누구든지 입장 시 1만 원만 내면 그날의 회원이 되어 선후배가 어울려 술 한잔을 하는 것이었다.

일단 부담이 없었기에 호응이 좋았고, 그날만은 편안하게 어울려 한잔 술로 직장의 스트레스를 풀 수도 있었다. 물론 선배들이 한 번씩 쏘기도 하였지만, 당당히 회비 1만 원을 내기 때문에 우리들에게는 허물없는 자리였다. 루꼬넨이 말하는 "반경 1m의 행복"이나 크게 다를 바 없을듯하다.

　우리들은 대체적으로 늘상 주변에서 일어나는 무탈한 일상의 일들을 잊어버리거나, 그 고마움을 잊는 경우가 많다. 그러나 좀 더 유심히 관심을 갖고 지켜보면 감사해야 할 일이 너무나 많다. 비록 사소한 일일지라도 감사하는 마음을 가져보자. 일상이 달라 보이고 소중해질 것이다.

불행은 비교에서 시작된다

　125년 올림픽 역사상 첫 무관중 대회로 1년 늦게 개막한 2020 도쿄하계올림픽대회. 개최 논란을 극심하게 앓았고 개최 중에도 반대시위가 있을 만큼 말도 많고 탈도 많은 대회였다. 그 와중에도 전 세계 200여 개 국가에서 1만여 명의 선수단이 참가했고, 경기마다 환호와 영광, 좌절과 눈물이 점철돼 2021년 뜨거운 여름을 더 뜨겁게 달궜다.
　더운 여름 TV 시청에 매달리며 세계 10위권 목표의 한국 선수단의 경기를 지켜보았다. 다 금메달을 땄으면 좋겠지만 워낙에 뛰어난 선수들이 많아 메달 획득이 만만찮았다.
　금·은·동메달 획득과 메달 탈락의 노메달이 극명하게 교차하는 치열한 경쟁의 현장에서 삶의 지혜를 배울 수 있는 교훈도 많았다.

신체적 어려움을 극복하고 메달을 차지하는 불굴의 정신과 눈물겨운 스토리가 흥금을 울렸다.

그중 눈길을 끄는 것은 은메달 수상자와 동메달 수상자의 웃음과 기쁨, 표정의 비교였다.《연합뉴스》에 따르면 "안드레아 루앙라스 미국 아이오와대 마케팅 부교수와 연구팀은 2000년부터 2016년까지 5개 하계올림픽에서 메달리스트들의 사진을 분석한 결과, 동메달 선수가 은메달 선수보다 더 큰 기쁨을 느낀다는 결과가 나왔다고 밝혔다.

또한 동메달 선수가 은메달 선수보다 더 행복해하는 이유는 비교 잣대가 다르다는 점이다. 은메달 선수는 금메달 선수와 비교하여, 내가 좀 더 잘했으면 금메달을 땄을 텐데라고 생각하지만, 동메달 선수는 적어도 4위는 아니라고 생각한다고 말했다".[08]

이처럼 기쁨의 농도가 역(逆)으로 다르니 웃음도 표정도 달라질 수밖에 없을 것이다. 은메달 수상자는 분루를 삼키며 슬픈 표정에 억지로 웃는 '가짜웃음'을, 동메달 수상자는 동메달이라도 따서 다행이라는 안도와 기쁨의 자연스러운 '활짝 웃음'을 짓게 되는 것이다. 표정도 편해진다.

이러한 '활짝 웃음'을 프랑스의 심리학자인 기욤 뒤센(Guillaume Duchenne)이 처음 발견하여 자신의 이름을 따 '뒤센 스마일(Duchenne smile)'이라 했다. 반면 억지웃음은 '팬 아메리카 스마일

---

[08] 연합뉴스특별취재단 신창용 기자,《연합뉴스》, "시상식 표정 분석해보니 '은메달보다 동메달이 더 행복'", 2021. 7. 30.

(Pan America smile)'이라고 한단다. 미국의 팬 아메리카 항공사 승무원들이 상업적으로 웃는 것으로, 감정을 숨기는 부자연스러운 웃음이다. 사회 일각에서 문제 되고 있는 감정노동자의 웃음과 별반 다르지 않다.

세상 살아가는 이치도 이와 다르지 않다. 지금의 생활에 만족하면 행복지수가 높다. "나보다 못한 사람들이 얼마나 많아, 지금 이만한 것도 다행이야"라고 생각하면 기뻐지고 마음이 편안해진다. 재벌이라고 하루에 네 끼, 다섯 끼 밥을 먹지 않는다.

'곡굉이침지(曲肱而枕之)', '곡굉지락(曲肱之樂)', (몹시 가난하여) 팔을 베개 삼아 잠을 자는 즐거움이라 하지 않았던가. 반면 항상 자기보다 낫고 부유한 사람과 비교하면 매번 욕심, 불만, 불안에 시달릴 수밖에 없다. 모든 불행은 비교에서 싹튼다는 말도 있다. 상대와 비교를 하기 시작하면 그 끝을 알 수 없고 불행해진다. 그래서 행복의 반대말은 불행이 아닌 비교라고 한다.

매사를 자기보다 위만 쳐다보고 한탄만 한다면 불만만 쌓일 뿐 희망과 발전은 있을 수 없다. '나보다 못한 사람도 있거니' 하면서, 현재에 만족한다면 팔을 베개 삼아 잠자는 소박한 즐거움을 누릴 수 있을 것이다. 쉽지만 어려운 일이다.

은메달이 '비교 불만'이라면 메달을 아예 못 딴 노메달자는 어떻게 되는가? 메달로만 본다면 노메달은 더욱 큰 불만을 가지고, 어두운 표정을 지어야 한다. 그러나 실상은 그렇지 않다. 밝은 표정으로 당당히 노메달의 가치를 자랑스럽게 여긴다. 금메달보다 더 값진 노메달이다. 비교 불만은 거의 존재하지 않는다.

 2020 도쿄올림픽 높이뛰기에서 4위를 한 우상혁은 세계 유수의 선수들과 어깨를 나란히 겨루면서 대등한 경기를 펼쳤다. 높이뛰기 결선에 진출, 생방송 TV에 나온 그의 모습은 놀라움과 경악, 그 자체였다. 결선 무대는 동양인, 특히 한국인에게는 불모지였다. 장신의 외국인들의 독무대였다. 그 자리에 전 세계 카메라의 집중조명을 받으며 힘차게 바를 향해 날아오르는 우상혁의 모습은 바로 영웅이었다.
 2m 35 성공 후 2m 39 도전에서 아쉽게 실패했지만 넘을뻔했고, 1997년 이진택의 2m 34를 넘어서 한국신기록을 세우면서 한국육상의 새역사를 썼다. 그는 4위에 크게 만족하며, 늘 웃음을 잃지 않아 '스마일 맨'으로 통했다. 자신의 결과를 '쿨'하고 즐겁게 받아들였다. 사실상 그의 4위 성적은 금메달이나 다름없는 쾌거였다.
 여자배구도 비록 4위에 그쳤지만 국민적 응원을 받았다. "메달보다 아름다운 4위"라는 말까지 나왔다. 동메달 결정전까지 올라간 것만 해도 대단한 성과라는 것이다. 경기 후 주장 김연경은 "아쉽지만 온 힘을 다 쏟아부었다. 국민들이 많은 성원을 보내주셔서 행복했다"며 연신 눈물을 흘렸다.
 역도의 진윤성은 주 종목인 102kg급이 정식종목으로 채택되지 않아 힘들게 몸무게를 늘려 109kg에 도전했지만 6위에 머물렀다. 그럼에도 많은 응원을 받았다.
 이처럼 스타는 반드시 1위 금메달에서만 나오지는 않는다. 4위를 한 여자배구와 높이뛰기 우상혁은 1위 못지않은 환호를 받았다. 노메달도

이에 못지않다. 과정이 중요하다. 비교 불만은 나 자신의 주관적인 생각에 많이 치우친다. 내가 그렇게 생각하지 않으면 아무런 문제가 되지 않을 것을 그렇게 생각하니 불만이 쌓이는 것이다. 동메달을 딴 선수가 은메달 선수보다 더 기뻐하는 것에서 볼 수 있듯이, 은메달은 스스로 만족을 못 하고, 동메달은 스스로 만족하고 기뻐하는 것이다.

인생은 어차피 선택의 연속이다. 수많은 선택이 반드시 합리적이고 이롭지는 않다. 아무도 결과를 알지 못한다. 선택도 그 상황에서 최선의 결정을 하는 것이고, 후회해 본들 돌이킬 수 없다. 은퇴 후 야인이 된 마당에서 때때로 비교에 휩싸이기도 한다. "나의 인생이 여기서 그치고 마는가?, 이것밖에 못 하는가?" 하는 회한이 든다. 마음이 편안하지 않다. 편안하면 오히려 그것이 이상하지 않겠는가? 인간이기 때문에 그러하다.

나는 "불행은 비교에서 시작된다"는 말의 깊은 의미는 잘 모른다. 단지 살아가면서 그런 생각이 언뜻언뜻 드니 나도 모르게 비교를 하게 되는 것이고, '아차! 비교가 문제구나' 하는 생각에 부닥치게 된다. 비교를 안 할래야 안 할 수는 없고, 해서는 내 마음이 불편해지고, 참으로 곤란한 문제이다. 해서 가급적 비교를 외면하려고 노력을 한다.

대신 "내가 최고야, 내 인생이 가장 멋져" 하고 만족해한다. "내 식대로, 나대로 살아갈 거야" 하고 털어버린다. 설령 인생이 복귀되어 삶의 기회가 다시 주어진다고 해도 내가 만족해할 만큼의 결과는 보장되지 않을 것이다. 또 후회를 할 것이고, 비교를 하게 될 것이다. 비교 불만, 나 자신의 문제이다.

인사는 돌고 돌더라, 한번 인사에 일희일비할 필요 없다

조직에 있어 인사만큼 중요한 것이 없다. 조직으로서도 중요하고, 조직원 당사자에게도 그러하다. 인사(人事)를 만사(萬事)라고 한다. 인사 때만 되면 조직 전체가 술렁인다. 어딜 가나 좋은 부서, 덜 좋은 부서 등 호감, 비호감 부서, 선호부서, 비선호부서가 있다.

조직에 소속되어 살아가는 이 시대의 모든 직장인들은 인사에 매우 민감하다. 거기에는 회사원과 공무원, 교사, 군인은 물론, 봉급쟁이들이 다 포함된다. 사람에 따라 다소간 차이가 있겠지만 인사에 민감하지 않은 경우는 거의 없다. 그러나 세월이 흘러 인사와 무관한 군번이 되고 보면 인사란 다 '돌고 도는 것'이고, '거기서 거기'라는 생각이 든다. 당장에 좋다고 좋아할 것도 아니고, 싫다고 싫어할 것은 더욱 아니다.

지나고 보니 '좋은 부서', '안 좋은 부서'가 따로 없고, 모든 부서가 똑같다 보면 틀리지 않는다. 비교적 인사에 초연하고 분위기 또한 자유스러워 보이는 언론사도 예외는 아니다.

나의 경우 1993년 봄 어느 날 갑자기 서울로 발령이 나버렸다. 본사가 창원인데 서울로 난 것이다. 당시 서울은 기자 2명이 상주하고 있었는데, 청와대와 국회를 맡고 있었다. 지방지로서 굳이 상주할 필요는 없었는데 지방과 관련된 기사를 챙기거나 서울 '중앙'의 정보를 취득하는 이유 때문이 아닌가 싶다. 서울서 유치하는 광고도 한 이유가 된다. 다른 지방지도 비슷한 사정이다.

그러나 일단은 타지이기 때문에 다들 기피하는 부서이고, 나 또한 마찬가지였다. 발령이 난 이유를 들자면 '괘씸죄'에 걸린 것이었다. 나는 당시 휴면노조였던 회사의 노조를 부활하는 작업을 했었는데 이를 고깝게 본 회사 측이 궁리 끝에 '서울 한지(閑地)'로 보내버린 것이다.

해서 나는 나이 40세에 서울 하숙 생활을 했고, 적은 봉급에 두 집 살림을 하는 궁한 처지가 되어버렸다. 그러나 막상 서울로 가보니 정·관계 사귈 사람이 많고 안목도 넓어져 '편집국장을 하려면 반드시 이곳을 거쳐야 될 것'이라는 확신이 들었다.

좀 과대 포장을 하자면 대한민국 정치가 어떻게 돌아가는지를 알 수 있을 것 같았다. 2년 근무를 마치고 내려올 때는 서운하기도 했다. 내가 나름대로 열심히(?) 한 탓인지 나의 후임부터는 지원자가 나올 정도로 부서 선호도가 좋아졌다. 서울행이 억울하여 '울고 갔다'가 내려오기 서운해 '울고 왔다'는 표현이 적합할까?

 공직사회에서는 승진이 정말로 중요하다. 승진 여부에 따라 근무연한도 조금씩 차이가 있단다. 인사가 근무연한까지 영향을 미치니 신경을 안 쓸 수 없다. 목을 맨다면 좀 과장된 표현일까?
 공직에서는 국주무과, 주무계라는 자리가 노른자위로 불린다. 이러한 명칭들은 정식 명칭은 아니다. 공무원 사회에서 불리는 그들만의 이름이다. 주무(主務)라는 용어가 꽤 파워풀한 셈이다. 국주무과란 국(局) 소속의 몇 개 과(課) 중 선임과를 말하며, 그 선임과의 선임계가 주무계다. 승진을 하려면 국주무과, 주무계로 일단 가야 유리하다.
 국주무과, 주무계가 아니라도 해당 과의 주무계로 가면 비교적 승진에 가깝다. 주무과나 주무계로 발령 나면 근무평점이 높아져 승진이 기대된다는 것이다. 그러니 주무과나 주무계로 가려고 신경을 곤두세운다. 요즘은 어떻게 변했는지 모르지만 큰 틀은 변하지 않았을 것으로 본다.

 그러나 돌아보면 승진은 어차피 되고야 만다는 것이 은퇴 공직자들의 회고이다. 시간상의 차이가 있기는 하지만 열심히 근무하면 기회는 균등하게 온다고 한다. 인사철마다 일희일비 말고 묵묵히 업무에 충실하라는 말이다. 자리는 모름지기 다 '돌게' 되어 있는데 이를 참지 못하고 초조해하는 것이 공무원뿐만 아니라 직장인들의 한계라고 한다.

나와 가까운 도(道) 공무원 출신의 친구는 도저히 융통성과는 거리가 먼 원리원칙의 사람이다. 그는 평생을 승진과는 따로 놀다가 말년에 느닷없이 승진길이 튀어 '벼락출세(?)'를 한 케이스이다.

그는 사무관만 15년을 달아 '만년 사무관'으로 통했다. 오래 걸려도 통상 사무관 7년이면 서기관으로 승진한다는데 이 친구는 사무관 딱지를 떼지 못했다. 사무관 재직기한이 하도 오래되다 보니 형식적으로 붙여주는 '서기관 대우'라는 것을 달았다. 워낙에 승진에서 누락되니 함께 사무관으로 근무했던 동료 계장(사무관)이 서기관으로 승진하여 다른 부서에 갔다가 직속 국장으로 오기도 했단다.

그래서 승진은 아예 포기하고 있었다. 그런데 우연한 일로 성실함과 전문성, 곧은 일 처리 능력이 인사권자의 눈에 띄어 서기관 승진을 하고 말았다. 그때가 퇴직 4년을 앞둔 시점이었다. 2년간의 서기관 과장 생활을 한 후 말년에는 도 단위 기관장을 맡아 '원장님'으로 명예롭게 퇴직을 하였다.

그는 이렇게 말한다. "승진 그것, 은퇴하고 보니 아무것도 아니야, 있을 때는 자존심이 많이 상했는데 나오고 보니 별것 아니고, 중요한 것은 건강이더라"고 했다. 또한 "남이 알아주든 말든 나의 할 일만 하면 언젠가는 기회는 오고야 만다"며 "자리에 연연해 하지 말고 맡은 바 업무를 묵묵히 하는 게 중요하다"고 말한다.

은퇴를 했으니 그런 말이 나오지 현직에 있을 때는 얼마나 속이 상했겠는가? 그래도 참고 견뎌내니 말년에 복이 오고야 말았다. 나는 그 친구를 보면서 존경스러운 마음이 든다. 공무원으로서의 자존심을 갖고 있었기 때문이다.

　한번은 이런 일이 있었다. 친구의 부서업무와 관련된 기사가 우리 신문에 게재됐다. 그런데 "그 기사가 잘못되었다"며 친구가 단신으로 신문사를 찾아왔다. "기사가 잘못됐으니 정정을 하고, 담당 취재기자의 사과를 받아야 되겠다"는 것이었다.

　통상 이런 일이면 그냥 지나가거나 부서장이 전화 한 통화 정도 하는 것이 관례인데, 말단 직원이 '간 크게' 신문사로 찾아와 분노를 표했으니 대단한 기개가 아닌가? 아마도 기자가 사과를 한 것으로 기억한다. 나는 이런 점들을 높이 평가한다. 그 친구, 인사에 이것 반의반만 신경을 썼다면 진작에 승진을 했을 터인데. 나는 대한민국 공무원이라면 이 정도 자존심과 프라이드를 갖고 있어야 한다고 본다.

　일반적으로 공무원이나 회사원들의 선호부서는 인사, 재무, 총무, 기획, 감사, 예산 등이다. 특히 자금과 관련된 부서는 회사나 기관의 재정을 관장하므로 중요부서로 분류된다. 사람을 쉽게 바꾸기도 어렵다. 신문사도 정치·사회·경제부 정도가 아닐까 생각한다. 정치부 오래 근무하다가 그 인연으로 옷 벗고 배지 단 사람도 많으니까.

　누구를 막론하고 오너가 아니라면 인사에 신경 쓰게 되어 있다. 그렇지 않다면 거짓말이다. 허나 크게 보니 '돌고 돌더라'이다. 인사에 초연하기 쉽지 않지만 그럼에도 편안한 마음가짐이 중요하다. 선배들의 고언을 귀담아들어 볼 일이다.

"Give and Give, and Forget!", 대인관계의 시작은 Give에서

대인관계를 말하기 전에 가까운 친구의 사례를 한번 보자. 그는 평생 다니던 회사를 퇴직하고, 관련 중소기업에 들어가 무려 10년여 다니면서 70세 직전에 완전히 자유인이 되었다. 인생 2막을 성공적으로 마무리한 것이다.

무엇이 그를 장수하게 했을까? 나는 단번에 그의 원만한 대인관계라고 생각한다. 그의 특징은 남의 말을 잘 듣는 경청과 양보, 협조이다. 그는 공장장으로 직장을 마쳤는데 공장장의 일은 현장의 생산이라기보다는 현장이 잘 돌아갈 수 있도록 분위기를 만들어 주고, 오너와 직원들 간에 원만한 관계를 유지토록 하는 가교 역일 것이다.

그의 스타일은 둥글고 원만하다는 표현이 적합하다. 어느 조직이든 조직을 이끄는 주역들은 전체 직원을 먹여 살릴 능력자이거나, 아니면 원만하고 둥글어 인간관계가 좋은 사람이다. 친구는 후자인 셈이다. 공장장의 직책을 맡았다면 이미 능력은 검증이 되었다고도 봐야 한다. 나는 능력자보다는 원만하고 둥근 인간관계가 좋은 사람이 더 낫다고 본다. 물론 두 가지 다 겸비한 사람이라면 말할 나위가 없다.

대인관계란 간단히 말해 사람과 사람과의 관계를 말한다. 사전적인 의미로는 인간과 인간 사이의 관계로, 집단생활 속의 구성원 상호간의 심리적 관계이다. 사회적 동물인 인간은 사회를 형성하며 타인과 다양하면서도 무수한 관계를 맺게 된다. 그 관계를 잘 맺어야 한다는 말이다.

대인관계는 때론 능력보다 더 비중을 차지할 때가 많다. 능력은 그 한계가 유한(有限)하다고 한다면 대인관계는 인간과의 관계이므로 무한(無限)하다. 무한한 인간관계의 깊이를 평가하기는 어렵다. 특히 직장생활에서 대인관계는 더 이상 강조할 필요가 없을 만큼 중요하다. 때문에 직장인들은 대인관계 능력 향상이 늘 중요하고, 능력 향상을 위해 꾸준한 노력을 해야 한다. 직장에서 나를 키우는 큰 힘이 바로 대인관계인 것이다.

그렇다면 대인관계 능력의 향상 방법에는 어떤 것들이 있을까? 이론적인 여러 요인들이 있겠지만 나는 특히 이 한 가지를 강조한다. 바로 주는 것(Give)이다. Give란 또 달리 표현하면 베풂이다.

그래서 나는 대인관계에 있어 늘 이렇게 강조한다. "Give and Give, and Forget!(주고, 또 주고, (준 것을) 잊어버려라!)" 베풂은 반드시 금전적인 것만은 아니다. 모든 게 다 포함된다. 정신과 마음과 정성 등 이루 헤아릴 수 없을 만큼 많다. 은혜를 입은 사람은 이를 잊지 않는다.

내 호주머니를 털어 남에게 준다는 것, 남을 걱정해 준다는 것, 남이 잘되기를 빌고 몸과 마음으로서 응원을 한다는 일, 결코 쉽지 않다. 돈 많은 부자라고 해서 다 베푸는 것은 아니다. 베풀겠다는 마음이 있어야 베풂이 가능하다. 신의도 의리도 모두 베풂에서 나온다. 베풂이 수반되지 않은 신의와 의리는 성립하기 어렵다. 현실적으로 그렇다.

나는 베풂에 익숙한 사람들이 사업에 성공적인 결과를 내는 것을 많이 봐왔다. 학력도 능력도 기술도 이 베풂을 이길 수는 없다. 살아가는 지혜이기도 하다. 그리고 베푼 것을 받으려고 해서는 안 된다. 베풀고는 바로 잊어버려야 한다.

골프장에서 상사들과 골프를 칠 때 "'기브(Give)'를 자주 외쳐라"라는 우스개가 있다. 기브는 흔히 '오케이'라 하는데, 그린 위 공이 홀컵에서 좀 떨어져도 비교적 가까우면, 한 번 퍼팅으로 공이 홀컵에 들어간 것으로 인정하여, 1타로 간주한다는 말이다.

그런데 1m 정도의 거리에 공이 멈췄는데도, 말없이 쳐다보고만 있으면 기브를 안 주겠다는 의미로, 그리되면 홀컵을 향해 퍼팅을 해야 되고, 만약 안 들어가면 1타로 끝낼 게 2타가 되니 상사들이 좋아할 리 만무하다.

대부분의 상사들은 기브를 잘 외치지 않는 '입이 무거운 사람'들은 좋아하지 않는다. 그래서 공이 홀컵에 대충 가까이 붙었는데도 기브가 없으면 "영어 할 줄 아는 사람이 없나?" 하고 소리치며, 은근히 기브를 요청한다. 그 소리를 듣고 마지못해 뒤늦게 기브를 외쳐봤자 때는 늦다.

기브를 주고도 점수를 못 따는 경우가 이런 경우이다. 더욱이 내기 게임을 했다면 기브 한마디에 돈이 오가니 민감하지 않을 수 없다. 관계개선을 위해 골프장에 갔다가 기브에 인색하다 관계 악화가 되지 않을까 우려된다.

상사들을 모시고 골프를 칠 때나, 사업상의 일로 골프장을 찾을 때면 자신의 스코어 관리보다 상대의 '기브 관리'가 더 중요하다는 것을 알아야 한다. 가까운 친구들과 골프를 즐길 때면 점수를 '칼같이' 헤아려야 되겠지만 상사와 영업 차원의 외부인사라면 경우가 달라지기 때문이다.

물론 이는 골프 룰에는 어긋난다. 하지만 그게 세상 사는 이치이고, 아랫사람의 애교이고, 사업의 지혜이고, 좀 더 멀리 보면 대인관계인 것을 어떡하랴? 그만큼 기브, 다시 말해 '주는 것'은 어디서나 중요하다. 기브를 찬양하여 남발하라는 말은 아니고, 대인관계의 중요성을 강조하다 보니 부수적으로 나온 이야기이다.

데일 카네기는 인간관계 원칙을 다음과 같이 말한다. "① 비난이나 비판, 불평하지 마라 ② 솔직하고 진지하게 칭찬과 감사를 하자 ③ 다른 사람들의 열렬한 욕구를 불러 일으켜라 ④ 다른 사람들에게 순수

한 관심을 기울여라 ⑤ 미소를 지어라 ⑥ 이름을 잘 기억하라 ⑦ 경청하라 ⑧ 상대방의 관심사에 대해 이야기하라 ⑨ 상대방으로 하여금 중요하다는 느낌이 들게 하라".[09]

대인관계는 아랫사람과 상사와의 관계만은 아니다. 상사도 아랫사람과의 관계가 좋아야 한다. 조직원이 보는 상사 유형에는 네 가지가 있다고 한다.

"**똑부**(똑똑하고 부지런한 상사)
똑게(똑똑하고 게으른 상사)
멍게(멍청하고 게으른 상사)
멍부(멍청하고 부지런한 상사)".[10]

이 중 어느 유형의 상사를 조직원은 바랄까? 답은 똑게이다. 알면서도 모른 체하고 포용하는 상사를 좋아하는 것이다. 반면 꼴찌는 누구일까? 멍부이다. 멍청하면서(잘 모르면서) 부지런히 설쳐대면 일이 되겠는가? 배가 산으로 간다. 모르면 가만있어야 한다. 그래야만 2등이라도 한다.

---

09 한국산업인력공단, 창원문성대학교 교수학습지원센터 《대인관계능력》, 창원문성대학교 출판부, 2017. 2, 25쪽.

10 9번과 같은 책, 86~87쪽.

대부분의 조직원들은 일보다도 사람이 더 힘들다고 말한다. 일은 열심히 하면 되지만, 사람과의 관계는 진심과 성의 등 여러 가지 요건이 겸비해야 가능하다. 그만큼 사람과의 관계는 어떤 학벌이나 스펙보다 오래가며, 능력 그 이상의 능력을 발휘케 한다. 대인관계와 이의 향상은 참으로 인생의 중요한 덕목이라 하겠다.

68세가 되어 깨달은,
잘 알고도 잘 몰랐던 인생의 법칙들

　나이가 들면서 생각도 달라지고 행동도 조금씩 변해가는가 보다. 그중 새삼 깨닫게 되는 몇 가지가 있다. 먼저 우리는 죽음을 향해 매일 조금씩 나아가고 있다는 사실이다. 사람은 누구나 태어나서 나이가 들면 죽음에 이른다는 사실을 잘 알지만, 나는 안 죽을 줄 알았다. 다른 사람은 다 죽어도 나만은 절대 죽지 않으리라 생각했었다. 그런데 그 생각이 다 허구인 것을 요즘 다시금 깨닫는다. 그것도 68세의 나이에서. 바보 같지 않은가?
　인생을 간단히 요약하면 '태어나서 죽는다'인데 이를 망각한 것이 아닌가 싶다. 그 절대적 진리를 모르는 것은 아닌데, 진작에 지금처럼 확연히 기억하지 못했는가 보다. 잘 알고도 잘 모르는 것이다.
　'죽음체험 교실'이라는 프로그램이 있어, 참여를 해보았다. 관 속에 들어가 보고, 그 관속에서 사자(死者)를 떠나보내는 사람들의 우는 소리도 녹음을 통해 들어보았다. 나는 살아 있는데 죽어 있다. 이승의 세계에서 저승세계를 가상으로 체험하여 본 것이다. 묘한 생각이 들었다.

인생은 과연 무엇인가? 나는 어디에서 와서, 어디로 가는 것인가? 내가 죽으면 어떻게 되는 것일까? 저절로 하게 되는 자문(自問)이나 즉답을 구하긴 어렵다. 염라대왕이 실제 존재하는 듯한 느낌도 들었다.

태어나서 죽지 않고 불로장생(不老長生)한다는 말은 거짓말이다. 그렇다면 나의 여생은 어떻게 보내야 하는가? 전체 국민 중 남성의 평균수명은 80세쯤 된다 한다. 그러고 보니 시간이 얼마 남지 않았다. 처연하고 착잡한 상념에 빠져들기도 한다.

그러나 죽음을 너무 두려워하지는 말지어다. 갈 때가 되면 누구나 가는 것이고, 내 마음대로 갈 수만도 없다. 가고 오고가 자유롭지 못하는 것이 수명(壽命)이요, 인생이다. 우리가 어찌할 수 없는 인생의 법칙이다. 그저 천수(天壽)를 다하기를 바랄 뿐이다. 부디 시간을 보람되게 쓰고, 즐겁게 잘 보내는 것만이 자연에 순응하는 지혜이자 현명한 처사이다.

다음으로는 "인생은 반드시 성적순이 아니다"라는 말의 재확인이다. 이는 인생의 성공 기준을 어디에 두는지에 따라 달라지지만, 벼슬과 명예, 부(富)라는 세속적인 기준으로 한번 따져보자. 공부 잘해 성적 좋은 사람이라고 해서 반드시 이 세 가지 기준을 다 충족시키지 못한다는 게 요즘의 나의 결론이다.

오히려 배움이 약한 사람일지라도 자신의 주특기와 운(運), 사귀는 사람에 따라 인생행로가 달라지고, 성공의 결실로 맺어진다는 것이다. 이 또한 새삼스러운 말도 아니고, 이미 세상에 널리 회자되고 있으며, 나 역시 잘 알고 있다. 그런데 내가 또한 망각하고 있었던 것인가?

그렇다고 성적이 뛰어나도 출세를 못 했다는 말은 무조건 성립하지 않는다. 공부 잘해 큰 성공을 거둔 사람이 도처에 있다. 명문학교를 나와 공부를 잘하고도 출세를 하지 못했다는 것을 지적함이 아니고, 공부와 성공이 반드시 동일시되는 것은 아니다를 말하기 위함이다.

그러니 무엇이 인생인지, 그 진리를 차마 잘 모르겠다. 인생을 다시 살아보면서 비교해 볼 수도 없고, 재활용도 안 되니 그 참된 진리는 영구미제(永久未濟)로 남을 뿐이다. 그러나 인생성공의 기준은 내 스스로 정하는 것이다. 내가 "후회 없이 잘 살았다"고 생각한다면 잘 산 것이요. 그렇지 못하면 못 산 것이니, 내가 후회하지 않고 당당하면 아무런 문제가 없을 것이다.

세 번째로 "뭐니 뭐니 해도 건강이 최고이더라"는 것이다. 이 말 또한 귀에 못이 박힐 정도로 자주 들은 말이지만, 현실은 참으로 유감이다. 슬슬 몸이 아파오고, 이제는 아픈 게 웬만한 '중급병원' 급으로 늘어나고 있다. 옛 어른들의 말씀이 하나도 틀리지 않는다. "나이 들어 좋은 것 하나 없다, 하루가 다르게 몸이 변한다".

내가 지금 그 모양이다. 나만은 병들지 않고 항상 건강하고 젊음을 유지할 줄 알았는데, 서서히 다가오는 질병의 공격에 늘 긴장하며 시달리곤 한다. 오줌 잘 나오게 하는 약에, 똥 잘 나오게 하는 약에, 소리 잘 들리게 하는 약에 온갖 약을 다 먹는다.

'잘 먹고, 잘 싸고, 잘 자고, 잘 걷고, 잘 웃고, 잘 씹고' 등 이른바 '6고'가 있다지만 '고'가 이렇게 중요한 줄 몰랐다. 돈은 벌면 되고, 머리는 빌리면 된다지만, 건강을 못 지키면 그로써 끝이다. 또한 지키면 된다고만 생각하면 큰 오산이다. 누구나가 건강의 마지막이 있으며, 그게 인간의 한계이다.

건강은 건강할 때 지켜야 하고, 자만은 금물이다. 갈 땐 가더라도 건강하게 잘 지내다 가야 한다. 그렇지 못하면 내가 가장 힘들고, 또한 가족들을 힘들게 한다. 이러한 불변의 법칙을 이제야 다시금 깨달았으니 우매해도 한참 우매하다. 잘 알고도 잘 모르는 인생의 법칙이다. 그러나 건강은 건강할 때 지켜야만 되니 평소 자기관리를 철저히 할 일이다.

또한 이런 말도 잘 알아 외고 다녔지만 제대로 실천을 못 했으니 잘 모르는 것과 다를 바 없고, 그저 머리를 칠 따름이다.

"어버이 살아실 제 섬기기를 다하여라.
지나간 후면 애닯다 어이하리,
평생에 고쳐 못할 일은 이뿐인가 하노라"

송강 정철은 어버이를 잘 모시지 못한 후회막급한 자식의 마음을 시조에서 이렇게 표현했다. 내 나이가 어버이 나이가 된 지금, 효도

하고 싶은 마음이 간절한 것은 당연하다.

그러나 어버이는 이미 이 세상에 안 계시니 자식된 도리를 한 게 하나도 없다. 천륜(天倫)을 어긴 것인가? 땅을 치고 통곡을 해도 가신 어버이는 돌아오시지 않는다. 부디 살아계실 제, 도리를 다할 일이다. 이 또한 잘 알고도 실천을 잘 못하는 일이니 어리석기 짝이 없다. 돌이켜 볼 때 어버이 은혜는 하늘 같고, 어버이는 가족을 지키는 수호신이다.

"자녀 혼사를 치를 때 당사자에 앞서 그 부모를 보라"는 말도 다시금 깨닫게 된다. '뛰어난 부모 밑에서 못난 자식이 나오는 경우(호부견자, 虎父犬子)'도 종종 있다지만, 자식에 앞서 그 부모를 먼저 볼 일이다.

그 부모에 그 자식이다. 하여 혹시 다가올지 모를 불행을 막는 게 수순이다. 이 또한 충분히 잘 알고 있지만 실천을 못 하니 알고도 모르는 꼴이다. 인생을 살아가면서 알고도 모르는 경우가 어디 한두 가지이겠는가? 알고도 지나가고, 모르고도 지나간다. 과연 인생은 무엇이란 말인가? 어렵고도 난해한 물음이다.

행복은 저축하는 것이 아닌
지금 당장 써먹어야 하는 것

"당신은 행복합니까?"라는 질문을 받으면 나는 뭐라고 답을 할까? 아마도 "비교적 행복하다"고 답을 할 것 같다. 지금까지 생활에 엄청난 시련을 겪지 않았고, 건강도 크게 나쁘지 않고, 가족 간에 불화도 없었으니까 그렇다. 대충 무난하게 살아온 삶이 아닌가 한다.

행복의 조건은 무엇일까? 단번에 드는 생각은 건강과 돈과 가족과 친구와 일이 아닌가 싶다.

돈은 진작부터 '돈 벌 직업'을 선택하지 않았고, 실제 돈을 벌려고 노력도 하지 않았으니 돈과는 거리가 멀다. 그냥 세끼 밥 안 굶고 살 정도이다.

그리고 건강과 가족과 친구는 그런대로 갖췄다고 볼 수 있다. 건강은 뛰어난 편은 아니지만, 그런대로 유지할 만하다. 친구 또한 말동

무하고 술 한잔할 정도의 친구는 있으니까, 그렇게 실패한 편은 아닐 것이다.

일은 퇴직한 마당에 어차피 없는 것이고, 지금의 생활에 만족하며 잘 놀며 시간을 잘 보내는 것이 일이 아닌가 싶다. 그러고 보니 돈 빼놓고는 비교적 다 갖췄다고 할 수 있을 것 같다. 그렇다면 나는 돈만 갖추면 행복한 인생이 된다는 논리이다.

정말 그렇게 될까? 돈만 더 있으면 행복한 인생이 되는 것일까? 하지만 돈이 많이 있어보지 않아 알 수가 없다. 저명한 철학자나 석학들을 비롯한 주변의 여러 사람들은 "돈이 반드시 행복이 아니다"라고 말을 하는데 나는 그 말에 부정은 안 하지만 쉽게 동의는 할 수 없다. 왜냐하면 내가 직접 경험해 보지 않아서이다. 큰돈을 가져본 적이 없기 때문이다.

내가 생각하기에 여러 조건을 다 갖추고 돈도 함께 갖추면 행복에 더 가까워질 것 같다. 나름대로 돈과 행복에 대해 결론을 낸다면, 너무 없어서도 곤란하고, 적당히 좀 있으면 좋을 것 같다. 그러면 조건을 다 갖추는 것이니 행복해질 것 같다. 좀 속물적인 결론이지만 아직까지 나는 이 수준, 정확히 말해 돈의 수준을 못 벗어나고 있다. 물론 돈에 구속받는 것은 아니다.

일본 의사 나구모 요시누리라는 사람은 "우리 몸에는 '세로토닌(Serotonin)'이라는 행복 호르몬이 분비되고 있는데, 하루 동안 분비되는 양이 정해져 있다. 노력한다고 해서 많이 분비되지도 않고, 노력이 부족하다고 해서 적게 분비되지도 않는다. 이런 점에서 본다면 삶에는 좋은 일이 있는가 하면 나쁜 일도 있는데 행복도, 불행도 번 갈아 온다는 것이다. 그래서 '그럭저럭 행복함'이 우리에게 주어진 행복의 양이라고 받아들이면 일상에 크게 휘둘리지 않게 된다"고 한다.[11]

대충 맞는 말인 것 같다. 나는 '비교적 행복'이라고 했는데, 요시누리 씨는 '그럭저럭 행복'을 말했으니 맥은 비슷도 하다. 하기야 행복에 겨워 죽을 만큼 행복한 사람이 어디 그리 쉽게 있겠는가? '100% 행복에 0% 불행한 사람'이 어디 있을까? 없을 것이다. '0% 행복에 100% 불행한 사람' 또한 없다. 세상에 걱정 없는 사람이 없듯이 속을 들여다보면 어느 가정이든 걱정은 있게 마련이다.

혹자는 행복의 조건으로 "마음이 편안해야 한다"고 말한다. 아무리 행복의 조건을 다 갖췄다 할지라도 걱정에 시달리며, 마음이 불안하여 초조해하면 행복해질 수 없다. 또한 돈에 대해서는 "재물 욕심이 많아지면 몸이 망가진다"고도 한다. 그래서 과욕하지 말고 베풀면 마음이 편안해지고, 뿌듯한 감정이 들어 몸에서 절로 행복 호르몬이 나오게 된다는 것이다.

아무리 돈이 없어도 오늘 남에게 밥 한 그릇 사면 내 마음이 부자요, 그것이 바로 행복이라고 말하는 사람도 있다. 실제 이런 느낌을 종종 체험한다. 나 자신이 남에게 점심 한 그릇 보시(報施)를 하면 기분이 넉넉해지고 좋아짐을 느낀다.

---

11 나구모 요시누리, 《50세가 넘어도 30대로 보이는 생활습관》, 나라원, 2012, 217~219쪽.

그러고 보면 행복은 저 먼 데 있는 것이 아니고, 지금의 가까운 곳에 있는 것 같다. 행복은 저축하는 것이 아니고 오늘 잘 베풀며, 마음 편히 잘 지내는 것에 있는 것인가? 그래서 행복은 미루는 것도, 기다리는 것도 아닌 오늘 바로 찾아 가져야 한다는 말이 설득력이 있다. "행복은 아낄수록 쌓이는 게 아니라 다 없어져 버리더라. 지금 당장 행복한 게 중요해"라는 말이 가슴에 와닿는다.

행복은 장기저축하는 것이 아닌 바로 오늘, 여기에서 지금, 써먹어야 하는 것이다. 저축한다고 이자가 붙지 않는다. 그렇지 않은 사람은 오늘의 소소한 행복을 인식하지 못하고, 행복이란 엄청나고 크고 거대한 것인 줄 착각하고만 사는 게 아닐는지.

병상에 누워 있는 환자가 가장 부러워하는 사람은 등산 가는 사람들이라고 한다. 두 발로 자유스럽게 걷는다는 것이 얼마나 행복한 줄은 누워 꼼짝 못 하는 처지가 되기 전에는 잘 몰랐다. 그에게는 두 발로 마음대로 걷는 사람이 세상에서 가장 행복한 사람이라고 생각한단다. 행복은 큰 것에 있지 않고 일상의 작은 것에도 충분히 있다.

수년 전 경북 봉화 지림사에 있는 마애여래좌상을 찾았을 때 일이다. 부처님 옆에 〈나를 다스리는 법〉이라는 글이 적힌 인쇄물이 많이 재여 있었다. 글의 요지는 이러하다.

"나의 행복도 나의 불행도 모두 내 스스로가 만드는 것이니 결코 남의 탓이 아니다. 나와 남을 위하는 일로 복을 짓고, 겸손한 마음으로 덕을 쌓으라. 모든 허물(죄악)은 탐욕(貪)과 성냄

(瞋)과 어리석음(痴)에서 생기는 것이니, 늘 참고 적은 것으로 만족하라.
웃는 얼굴, 부드럽고 진실된 말로 남을 대하고 모든 일은 순리에 따르라. 내가 지은 선악의 결과는 반드시 내가 받게 되는 것이니 순간순간 후회 없이 살아라"

결국 행복은 남이 만들어 주는 것이 아니고 나 자신에게 있다. 남과는 비교할 필요도 없다. 그리고 순간순간 후회 없이 살며 지금의 작은 행복을 크게 즐기라는 것과 다름없다.
 세계에서 행복지수가 가장 높은 나라들은 핀란드, 덴마크, 노르웨이 등이다. 이들 나라에서 행복지수를 결정짓는 요인은 물질적인 것이 아니라 정신적 가치 추구라고 알려지고 있다. 물론 의료보험이나 학비 등 사회보장제도가 잘 되어 있는, 잘사는 나라라는 점도 있지만, 그보다도 행복의 가치를 반드시 물질적은 측면에 두지 않는 것도 중요한 요인이다.

 좋은 집에, 좋은 자동차에, 명품 물건에 떵떵거리며 사는 것이 반드시 행복지수의 요인은 아니고, 평범하고 특별한 게 없이 무난하게 평온하게 생활하는 것이 행복의 기준을 결정짓는 요인이라고 한다. 핀란드의 경우 호숫가에 붉은색 오두막집에 작은 감자밭이 달려 있다면 만족해한다고 한다. 평범한 일상이 중요하다고 보는 것이다. 행복을 결정짓는 기준이 우리와는 상당한 차이가 있음을 알 수 있다. 우리나라의 행복지수는 세계 54~55위 권이다.

나는 아직도 행복지수의 조건들을 전술한 물질적인 것들로 보는 경향이 있다. '노후 안전한 생활을 하려면 몇 억이 있어야 한다'는 등의 수치적인 행복이다. 그러나 이제 와서 느닷없이 돈이 하늘에서 떨어지지도 않을뿐더러, 돈을 벌 수 없다면 욕심을 내서는 안 될 일이다. 엉뚱한 욕심을 내 스트레스를 받다가는 암에 걸리고 만다. 비교적, 탈 없이 그럭저럭한 행복이면 나에게 만족스럽고 과분한 행복이라고 생각한다.

늘 싸우는
국회의원들을 보노라니

　은퇴 후 시간이 많아져도 뉴스는 잘 안 보게 된다. 특히 정치 관련 뉴스는 피해버린다. 너무 질(質)이 떨어지기 때문이다. 나는 우리나라가 짧은 시간에 선진국 반열에 들어서 세상을 놀라게 한다지만 유일하게 정치는 후진을 면치 못하고 있다고 본다.

　온전한 선진국의 대열에 진입하는 데 걸림돌이 되는 것이 정치일 것이다. 매일 눈만 뜨면 상대에게 "죽어라"를 주문하고, "죽여야 한다"를 외치며 행동하는 것 같다. 그런 뉴스를 보고 있으면 누가 옳고 그름을 떠나 정말 식상하고 화가 난다.

　그래서 TV도 스포츠나 음악, 여행 등의 프로그램에 눈이 자꾸 가게 되고, 신문은 정치 쪽은 바로 지나쳐 버린다. 칼럼이나 인물 동정 등을 즐겨 읽는다. 정치기사보다 오히려 광고를 더 꼼꼼히 읽는다.

일반인들은 보통 광고는 잘 보지 않지만 광고 한 줄에는 엄청난 성의가 들어 있다. 바로 돈과 연결되기 때문이다. 광고 한 줄을 만들어 게재하려면 갖은 아이디어를 짜내 비싼 돈을 내고 실어야 하기 때문에, 손이 많이 가게 된다. 정치가 광고보다 못한 것은 그래서 당연하다. 광고만큼 정성과 노력이 없다.

좀 안 싸우고 정치를 할 수 없을까? 싸우더라도 유머러스하게 할 수 없을까? 옛날의 고수 정치인들은 낮에는 치고받고 싸우지만, 밤에는 한잔 술로 마음을 푸는 것으로 들었다. 그런대로 낭만과 유머가 있었다는 것이다. 지금처럼 주야장천 싸우기만 하는 '죽기 살기'식 정치는 최소한 아니라는 이야기이다.

흔히 회자되는 '셀프-디스(Self-dis)'가 전혀 없다. 'Self-disrespect'가 어원인 이 말은 정치인들에게는 스스로 자신의 잘못을 드러내 인정이나 사과를 하는 것으로 보면 될 것 같다.

우리 정치인들, 특히 국회의원들은 이 '셀프-디스'가 거의 없다. 자신은 돌아보지도 않고 상대만 잘못했다 하니 양쪽은 싸울 수밖에. 나는 아무런 잘못이 없고, 잘못은 상대에게, 그 책임도 상대가 져야 한다는 논리이다. 그러니 겸손도 유머도 화해도 찾아볼 수 없다. 그런 기사가 매일 지면을 도배질하니 보기가 싫어진다.

책임에 관한 이런 영어 문구가 있다. "The buck stops here". '모든 책임은 내가 진다. 내가 결정권자인 만큼 나의 책임이다'는 의미이다. 미국 트루먼 대통령이 좌우명으로 삼았다고 한다. 참으로 멋진 말이다.

대통령이 이렇게 책임을 진다고 천명할진대, 장·차관이나 참모들은 얼마나 더 열심히 일을 하겠는가? 서로 "책임은 대통령이 아니라 실무자인 나에게 있다"고 주장할 것이다. 아무리 '죽이고 싶을 정도'로 미워도 한쪽에서 먼저 수그리고 들어오면 상대의 화가 가라앉을 것은 인지상정, 서로 자책하고 겸손해지면 싸울 일도 없어질 것이다. 자존심만 내세우고 무조건 공격만 하면 협조와 화해는 요원해진다.

유머에 관한 한 영국의 처칠 총리가 유명하다. "의회에 참석했던 처칠이 급한 볼일로 화장실에 갔을 때, 마침 걸핏하면 사사건건 물고 늘어지는 노동당 당수 애트리가 볼일을 보고 있었다. 빈자리는 애트리의 옆자리밖에 없었다. 처칠은 그곳에서 일을 보지 않고 기다렸다가 다른 자리에서 볼일을 보자, 애트리가 '총리, 왜 나를 피하시오?' 하고 물었다. 처칠은 '천만에요, 당신들은 큰 것만 보면 국유화하려 드는데 내 것이 국유화되면 큰일이지 않겠소?'".[12]

국유화를 밀어붙이는 애트리에게 한 방을 먹이고, 자신의 심볼도 슬쩍 자랑하는 멋진 유머가 아닌가? 우리 같았으면 어떨까? 아마도 "화장실에서도 싸움"이라고 하지 않겠는가?

미국의 유명정치인이었던 공화당의 밥 돌 전 상원의원이 2021년 12월 98세를 일기로 세상을 떠났을 때 백악관과 의회에 조기(弔旗)가 걸렸다고 보도되었다. 조기 게양 지시를 내린 사람은 민주당의 바이든 대통령과 낸시 펠로시 하원의장. 당이 달라도 서로 존중하고 위로하는 정치풍토가 좋아 보인다. 밥 돌 의원은 유머와 포용이 뛰어

---

12 이형기, 《리더를 위한 세상의 지식》, 지식과 감성, 2019, 199쪽.

났던 사람으로 정평이 나 있다 한다. 우리 정계라면 어떠했을까? 조선시대 남인과 서인 간에 권력싸움이었던 예송(禮訟)논쟁(예절에 관한 논란)으로 비화했을지도 모를 일이다.

사실 국회의원보다 더 좋은 직업은 잘 없다. 국회 출입기자 시절 기자들끼리 "세상에서 가장 좋은 직업이 무엇이냐?"고 서로 묻곤 했다. "아마도 장관이 가장 좋은 직업이 아니겠느냐?"고 말하는 동료들이 상당수 있었다. 그래서 알고 지내는 장관 몇 분에게 물어보았다.
  답은 이러했다. "국회의원만 없다면 가장 좋은 직업인데, 국회의원이 가장 골치"라는 것이다. 시도 때도 없이 국회로 불러 따지고 드니 머리가 아프다는 말이다. 그렇다면 가장 좋은 직업은 국회의원이 된다.

내가 보건대 국회의원은 정말 좋다. 세비(歲費)라는 이름의 거액 연봉에, 여러 명의 보좌관 비서진에 특전도 무수하다. 시장 군수 같은 지자체장은 업무에 대한 책임을 져야 하지만, 국회의원은 별 책임도 없고, 말도 맘대로 한다. 정말로 신이 내린 직장이 아닌가?
  그런데도 일은 안 하고 늘상 공천과 자리에만 신경을 쓰고, 허구한 날 싸움만 하고 있으니, 때로는 없는 게 낫다는 생각도 든다. 있어도 숫자를 대폭 줄였으면 좋겠다. 나만 그런 생각을 하지는 않을 것이다.

국회의원들 개개인을 보면 정말로 대단한 이력의 소유자들이다. 지역을 충분히 대표할 만도 하다. 그런데 어찌 된 셈인지 국회 입성만 하면 거수기가 되어, "당론이다, 뭐다" 하면서 줏대 없는 언행을 하고, 마치 영혼이 없는 것 같은 행동을 해버리니 이해할 수 없다. 이러다간 국회의원들은 욕을 잘하고 마구 튀어야 장수(長壽)할지 모르겠다.

그러나 나는 반드시 그렇게 비관적으로 보지는 않는다. 머잖은 시기에 우리 정치도 선진대열에 동참할 것으로 본다. 경기도 과천에서는 여야 여성 시의원들이 플래카드를 공동으로 제작하여 내걸었다는 기사를 본 적이 있다. 신선했다.

국회의원도 초선을 중심으로 여러 중요 사안에 있어 여야 초당적으로 대응하자는 움직임과 시도는 자주 있는 것으로 알고 있다. 국회의원들 모두도 서로 삿대질하지 않고, 포용과 이해의 정치를 염원하고 있을 것이다. 단지 그것이 실천에 잘 안 옮겨지고 있을 따름이다.

오래전 홍콩을 방문하였을 때 당일 신문의 1면 톱뉴스는 "해양공원의 돌고래가 감기에 걸렸다"는 기사였다. 관광객이 많이 찾고, 시민들이 사랑하는 돌고래가 감기 걸린 것이 톱뉴스로 보도되는 이러한 상황을 어떻게 해석할까?

돌고래가 주요 뉴스로 보도되는 상황이라면 정치는 그렇게 중요하지 않다는 말이 된다. 시민들의 주요 관심사가 아니든지, 주민들이 신경 쓰지 않아도 될 만큼 정치가 잘 돌아가든지, 둘 중에 하나일 것이다. 사실은 국민은 정치가 어떻게 돌아가는지 모르는 게 가장 좋다. 몰라도 정치가 잘되어, 먹고사는 데 아무런 지장이 없으면 그 정치가 좋은 정치이니까 말이다.

국회의원은 모름지기 국민을 대표하여 선출된 사람들이다. 국민의 권한을 위임받아 사용한다면 겸손하게 또한 소신 있게 국민을 위해 잘 써, 국민을 실망시키지 말아야 한다.

검소와 인색,
그 종이 한 장의 차이

검소(儉素)의 사전적 뜻은 '사치하지 않고 꾸밈없이 수수함'이다. 인색(吝嗇)은 '재물을 아끼는 태도가 몹시 지나치고, 어떤 일을 하는 데 대해 지나치게 박함'으로 되어 있다. 검소는 돈이나 음식, 의복 등을 사치하지 않고 간소하게 한다는 의미로 해석된다. 반면 인색은 자기밖에 모르는 이기주의적 구두쇠, 베푸는 것과는 거리가 좀 멀다.

검소는 인색을 바탕으로 해서는 안 되며, 또한 베풀지 않는다면 검소라고 말할 수 없다. 검소를 핑계로 세상의 기본적인 인정을 무시하거나, 남을 돕는 일을 외면해서도 검소라고 볼 수 없을 것이다.

쉽게 말해 검소 검약은 자기 스스로 사치하거나 낭비하지 않고 때론 베풀며, 남을 괴롭히거나 피해를 주어서는 안 된다는 뜻이다. 하지만 잘못 착각한다면 의미의 차이가 모호하여, 쉽게 간과할 수 있다. 검소함은 미덕이지만 지나치면 인색하다는 소리를 듣게 되는 것이다.

우리는 나이가 들면서 검소 검약(儉約)을 잘 이해하고, 적지만 베풀면서 검소함의 정의를 잘 실천하고 있는가? 설령 실천은 잘 못해도 그러한 마음가짐으로 살아가고 있는가? 아니면 돈밖에, 자기밖에 모르며, '소식(小食)'을 하지 않고 늘 혼자 배불리 먹는 '과식(過食)'의 구두쇠이자 이기주의자가 되어가고 있는가?

어느 쪽인가? 나는 어느 쪽도 아니지만 최소한 '인색'의 딱지는 면할 수도 있을 것 같다. 근검절약은 어릴 때부터 몸에 배어왔고, 남을 괴롭히며 나의 행복을 추구하지는 않았다. 또한 음식은 가급적 적게 규칙적으로 먹으려 하고 있으며 실천에 옮기고 있다. 하지만 베푸는 쪽은 제대로 못하고, 단지 마음가짐만 갖고 있을 뿐이다. 이것이 문제라면 나는 주저 없이 '인색' 쪽의 사람으로 분류될 것이다.

검소한 생활은 사회 지도층일수록 그 가치가 빛난다.

"스웨덴의 23년 최장수 총리를 지낸 타게 에를란데르는 재임 중에는 정부에서 관리하는 작은 아파트에 살았으나 퇴임 후에는 옮겨 살 집이 없었다. 시민들과 소속 당(黨)에서 깜짝 놀라 외곽지역에 작은 통나무집을 지어주었고, 그는 그곳에서 생을 다할 때까지 지냈다 한다. 총리를 무려 23년을 하고서도 살 집이 없었다는 게 우리 상식으로는 이해하기 어렵다"

"우루과이의 무히카 대통령은 재임 중 노후 차량 한 대를 직접 몰고 다닐 만큼 서민적이었으며, 퇴임 후 고향에서 농사를 지으며 살고 있다고 한다. 세계에서 가장 가난하고 검소한 대통령으로 알려지고 있다"

이들 두 사람의 이야기는 워낙에 알려져 대중적인 사실이 되어 버렸다. 두 사람의 사는 방식을 보면 노블레스 오블리주(Noblesse oblige)를 몸소 실천한 것을 알 수 있다. 노블레스 오블리주는 프랑스 말이다. 영불전쟁 당시 프랑스 칼레라는 도시가 영국의 공격을 받아 함락됐다. 영국 왕은 시민대표 6명을 뽑아 처형하겠다고 하였다. 이에 도시의 고관과 부유층 등 시민들이 자원하고 나선 데에서 유래한다. 지위가 높은 사람들의 도덕적 의무를 말하는 것이다. 부와 명성, 권력은 그에 따른 사회적 책임을 다해야 한다는 뜻으로, 사회 지도층이나 상류층 인사들이 그 사회적 위치에 따른 모범을 몸소 보였다는 것이다. 성숙한 사회일수록 노블레스 오블리주가 빛난다.

죽어서 저세상으로 갈 때 입는 수의(壽衣)에는 호주머니가 없다. 왜 수의에는 호주머니가 없을까? 답은 간명하다. 가진 자이든 안 가진 자이든, 권력자이든 아니든, 그 누구이든, 죽을 때는 아무것도 가져갈 수 없기 때문이다. 인생사 공수래공수거(空手來空手去, 빈손으로 와서 빈손으로 간다)이다.

1조 7천억 원의 아시아 최대 장학재단을 만들고 2023년 타계한 이종환 삼영화학그룹 회장은 공수래(空手來), 만수유(滿手有), 공수거(空手去)라 했다고 보도되었다. 빈손으로 와 그냥 빈손으로 가는 것이 아니라, 손에 가득 채운 뒤 이를 사회에 돌려주고 빈손으로 가는 것이라고 했다. 그는 평생 모은 재산을 장학재단에 넣었다.

그러고 보면 사람이 태어나 저승으로 갈 때 가진 것은 수의 한 벌뿐인 셈이다. 수의 한 벌을 짓기 위해 평생을 공부하고 고생하고 돈을 벌고 하는 것이다.

거액을 모교 대학에 기부한 기업가가 있다. 그는 "수의에는 호주머니가 없다"고 말한다. 그러면서 이승을 떠날 때는 나머지 전 재산도 기부하겠다고 한다. 세계적인 자산가이자 기부왕인 워런 버핏은 매년 거액을 기부하고 있으며, 향후 거의 전 재산을 사회에 기부하겠다는 의사를 밝혔다고 언론은 전한다. 그는 자동차도 20년 이상 되었으며, 안경도 오래된 평범한 뿔테안경이라고 한다.

우리 사회에서도 기부문화가 점차 늘어나는 것은 긍정적인 모습이다. 큰돈이 아닐지라도 힘들게 벌어 사회에 내놓은 모습을 흔치 않게 볼 수 있다. 힘들게 돈을 번 사람일수록 기부에 익숙한 반면, 하루아침에 벼락부자가 된 재벌 2세나 투기자는 돈이 많아도 기부와는 별반 인연이 없으니 아이러니하다. 그러고 보니 땅 부자나 부동산 재벌이 통 큰 기부를 했다는 소리는 잘 들어보지 못했다. 기부는 땀과 노력과 친하고, 투기와는 별반 인연이 없나 보다.

경주 최부잣집에서 아름다운 모습을 찾아볼 수 있다. 몇 년 전 이곳을 찾았을 때 집 입구의 입간판에 써진 육훈(六訓)이 눈에 들어왔다. "과거는 보되 진사 이상 벼슬은 하지 마라, 만석 이상의 재산은 사회에 환원하라, 흉년기에는 땅을 늘리지 마라, 과객을 후하게 대접하라, 주변 100리 안에 굶어 죽는 사람이 없도록 하라, 시집온 며느리들은 3년간 무명옷을 입혀라".

감명 깊지 않을 수 없었다. 이런 가훈을 세우고 지켰기에 300년 이상 부를 유지해 왔다고 사가들은 평한다. 항상 절제하고 주변에 베풀어 공덕을 쌓은 것이 아닌가 한다. 오히려 '줄어들어야 채워진다'는 말을 실감할 수가 있다. 12대 최 부자인 최준 선생은 "재물은 분뇨와 같아서 한곳에 모아두면 악취가 나 견딜 수 없고, 골고루 사방에 흩뿌리면 거름이 되는 법"이라고 했다.

진정한 노블레스 오블리주의 실천이 아닌가? 우리는 돈을 가진 사람이 권력이나 벼슬, 명예까지 탐하다 몰락한 경우를 많이 보아왔다. 헛된 욕심을 내면 그 말로(末路)가 어떻게 되는지 과거사가 엄중하게 말하고 있다. 가진 사람일수록 주변에 베풀며 인심을 쌓으라는 교훈을 말해주고 있다.

검소는 정직과 절제와 직결된다. 성공의 바탕에는 정직과 절제에 대한 자신의 의지가 중요하다고 봐야 한다. 난관을 얼마나 잘 견뎌내고 자기를 이겨내느냐 여부에 달려 있는 것이다. 자기 극복이다. 그래서 능히 사치를 할 수 있는 사람이 검소하면 더욱 가치 있는 일이 된다.

또한 정직하지 않고는 검소한 생활을 하기 어렵다. 부정과 검소는 맞지 않기 때문이다. 부정은 축재(蓄財)이고 검소는 정직이다. 정치를 하는 데 있어서도 정직만큼 소중한 것은 없다. 정직이 최선의 방책(Honesty is best policy)이다.

미국 등 선진국의 정치 세계에서는 거짓말을 가장 무거운 형벌로 처한다고 한다. 무거운 형벌이란 사법당국에서 중벌을 내리는 수치적인 것이 아니라, 주변 사회가 이를 용납하지 않는 여론의 형벌이다. 정치인이나 오피니언 리더 등 지도자급 인사들은 거짓말이 탄로 날 경우에 돌이킬 수 없는 상처를 입게 된다. 국민이 용서를 하지 않는다. 닉슨 전 미국 대통령의 워터게이트 사건도 같은 맥락이다. 그는 이 사건과의 연루를 감추다 결국에는 대통령 자리에서 내려와야 했다. 그만큼 정직이 중요한 것이다.

인색은 아끼는 면에서는 검소와 엇비슷하지만 왠지 '자기 혼자밖에 모른다'는 이기주의적 발상이 반드시 정직하지는 않을 것 같은 느낌이 든다. 때문에 인색은 인정(人情)이 없다. 인심(人心)도 얻지 못한다. 인심은 곧 민심(民心)이고 나아가서는 천심(天心)이다. 아무리 권력이 세고 모든 걸 다 가졌다 하더라도 인심을 얻지 못하고서는 만사휴의이다. 그것이 인간사이다.

검소와 인색, 분명한 차이점을 알고 가자. 그 차이의 경계이자 구분은 바로 정직과 스스로의 절제, 베풂과 인정일 것이다.

퇴직하면 좋은 게 참 많아요.
늦잠 자도 돼, 시간 많아, 머리 맑아, 눈치 안 봐,
스트레스 안 받아. 걱정 말고 (직장) 나와보세요.
아! 돈, 부족하지만 조금 아껴 쓰면 돼요. 인생은 길지 않아요.
100세 시대 주인공이 되려 하지 말고,
바로 지금 행복의 주인공이 되어야 합니다.

3장

살아가는 데 필요한 소금

언제나 편안하고 반가운 고등학교 친구들

세상에서 가장 아름다운 영어 단어를 조사해 보니 Mother(어머니)로 나왔다 한다. 다음으로는 Passion(열정), Smile(미소), Love(사랑) 순이었다. 내가 다섯 번째로 아름다운 단어를 찾는다면 지체 없이 Friend(친구)를 택하겠다. 그것도 고교 친구들(High school friends)이다.

고교 친구들, 정확히 말해 고교 동기생 친구들이다. 그 이름만 들어도 편안하고 반갑다. 사람이 태어나서 숱한 사람들을 사귀고, 친하게 지내기도 하지만 고등학교 친구들만큼 편안한 사람들이 어디 있을까?. 언제, 어디서 만나도 반갑고 즐겁다. 웃음이 절로 나온다. 얘기꽃을 피우며 밤을 지새울 수 있다. 아무런 부담 없이 격의 없이 만날 수 있다.

이제 학창 생활과 회사 생활도 다 마친, 은퇴자의 입장에서 가장 먼저 친구를 찾는다면 고교 동기생 친구들이다. 고교 동문도 있지만 이는 같은 고등학교를 졸업한 선후배 모두를 망라하는 것이어서, 한 날한시에 입학하여 3년간 동고동락하고 졸업한 동기생에 비할 바는 못 된다.

동기생도 초등학교, 중학교, 대학교, 그리고 군 입대(入隊), 입사(入社) 동기생 등 많이 있지만 유독 고등학교 동기생 친구들이 가장 좋은 것은 왜일까? 알다가도 모를 일이다. 가장 꿈이 많고, 패기만만한 시절 함께 지낸 친구들이어서 그럴까? 여러 이유가 있겠지만 고교 동기생이 최고인 것은 아마도 우리나라의 독특한 사회 현상일지도 모르겠다.

대학에 가서도 사회에 나와서도 따로 찾는 친구들은 고등학교 동기생들이다. 서울 유학시절, 하숙을 하며 대학을 다닐 때도 그랬다. 학교 수업은 서울을 비롯한 전국의 학생들과 함께하지만 방과 후 만나는 친구들은 모두들 고교 친구들, 이른바 '촌놈'들이었다. 그 참, 희한한 노릇이지만 사실이다.

회사 생활을 할 때도 주말 저녁 소주 한잔은 역시 고교 친구들, 그들과 만나 회포를 풀고 시름을 달랬다. 은퇴를 해서도 가깝게 만나는 친구들은 역시 고등학교 친구들이다. 비단 나만의 현상은 아닐 것이다. 서울 동기생들은 고교 졸업 후 지금까지 수십 년간 서울에 살았으면 서울 친구들도 좀 사귈법한데, 휴일 등산 멤버들을 보면 전혀 변치 않고 고교 친구들, 그 얼굴들이다.

이제 고등학교를 졸업한 지도 어언 50년이다. 2024년엔 50주년 준비로 동기회가 분주해질 것이다. 행사를 멋지고 알차게 잘 치르기를 바라는 마음이다. 지난 40주년 행사가 하이라이트였는데, 그때 많은 동기생 부부가 참여해 즐거운 추억의 시간을 가졌다. 은사님들도 참석하시어 오랜만에 사제간의 정을 나누었다.

나의 모교의 경우 동기회 모임은 본부인 마산과 서울, 부산에서 열린다. 마산에서는 월 1회 열리는데 만나서 친구들의 얼굴만 봐도 기분 좋다. 서울, 부산도 비슷하다. 친구들을 만나면 지나간 우리들의 세월의 흔적을 느낄 수 있다. 모두들 나이가 들어 내 얼굴만 따로 거울을 볼 필요가 없다. 동기생 얼굴이 곧 나의 얼굴이기 때문이다.

너나 할 것 없이 흰머리와 주름이 늘고, 혹간 머리도 벗겨진다. 얼마 전까지도 만나면 아이들 혼사가 화두(話頭)였는데 이제는 건강과 노후이다. 어떻게 하면 남은 세월 행복하게 잘 보내느냐 하는 문제들이다. 아직은 충분히 젊다고 생각하는데 세월은 무심히 흘러만 간다. 아, 친구들이여, 우리가 늙어가는가 보다. 빡빡머리 고교 시절이 엊그제 같은데, 세월은 무심하게 흘러 어느덧 70줄이다. 시름을 다 잊고 그냥 소주나 한잔하세! 자, 한 잔 받으시게….

나는 작은 걱정이 하나 있다. 우리들이 더 나이가 들어 동기생 의사 친구들이 병원 문을 닫으면 어찌할까? 하는 걱정이다. 왜냐하면

이 친구들이 우리 친구들의 건강을 지켜주는 주치의이고, 만약 없다면 당장에 갈 병원이 마땅찮기 때문이다.

　내·외과 구분 없이 조금만 아파도 편안하게 상담과 진료를 해주고, 진료비도 받지 않는다. 고혈압, 당뇨, 고지혈증 등 성인병 체크는 물론, 코로나19 백신 접종도 친구 의사가 있어 안심하고 맞을 수 있었다. "걱정 말고 맞으시게" 하는 소리에 편안하게 맞을 수 있었다. 가장 믿고 의지할 수 있는 의사 선생님이시다.

　치과도 마찬가지, 언제든 찾아가면 사소한 '고장'이라도 귀찮게 여기지 않고 반갑게 맞아주고는, "드르륵" 하고 기계음을 내며 바로 고쳐주니 얼마나 고마운가? 특히 치과는 의사와 평소 지면이 없이는 편안하게 치료받기가 어려운데, 친구 의사는 이러한 문제를 원천 해결해 버리니 참으로 감사하다. 여기에다 치료비도 거의 원가이거나 안 받으니 '더블 땡큐'이다. 나는 어떤 의사보다 친구 의사들에게 큰 신뢰를 보낸다. 의사와 환자가 서로 믿고 신뢰한다면 병은 이미 절반이 나은 것이 아니겠는가? 동기생 의사 친구들이 좀 더 오래도록 건강하길 진심으로 바라는 마음이다.

　의사뿐만 아니라 사회 곳곳에 포진되어 있는 친구들은 서로서로 도움을 주고받는다. 그 범주가 너무 광범위하여 일일이 언급할 수는 없지만 자신의 직업과 직장에 따라 특징을 살려 도움을 주는 것이다. 이 모두가 참으로 고마운 일이다. 한 의사 친구는 나의 건강을 걱정하여 매달 전화를 하여 안부를 묻는다. 또한 다른 사업가 친구는 매년 이웃돕기 성금으로 천만 원을 내놓는다. 나이가 들수록 친구 걱정을 해주는 친구들이 늘어난다. 대소사 일들을 친구와 의논한다. 정말로 보약 같은 친구들이 아니겠는가?

고교 친구들을 생각하면 고등학교 때 배웠던 《논어》의 글귀가 생각난다. "벗이 멀리서 찾아오니 또한 즐겁지 아니한가(유붕자원방래불역락호, 有朋自遠方來不亦樂乎)?". 국어 시간에 선생님이 칠판에 한자로 이 글을 멋들어지게 쓰시고는 설명을 해주셨다. 지금도 눈에 선하고, 기억이 뚜렷하다. 나는 가까운 친구들에게는 "이붕", "안붕", "최붕" 하고 부른다. 붕(朋, 벗)이란 글자가 참 좋다.

아마도 우리 고교 친구들의 성정을 말하자면, 착하고 점잖되 원칙에 입각한 그러한 사람들이다. 불의와 타협하지 않고 묵묵히 일하는 정의로운 성격의 소유자들로, 아첨과는 거리가 멀다. 몸담은 조직과 회사가 어려움에 처하면 몸을 던져 희생하는 견위수명(見危授命)의 스타일이다. 때로는 로비도 필요한 게 사회생활인데 이린 깃을 전혀 못하는 특유의 기질이 있다. 나 역시도 이 부류에서 자유롭지 못하다.

우리 고등학교는 전경이 참 멋지다. 교내에는 시 한 편이 절로 나올듯한 예쁘고 작은 연못이 있고, 교정은 각종 수목으로 가득하다. 봄에는 학교 입구 긴 도로와 담장에는 희고 분홍의 색을 띤 벚꽃이 만개하여 벚꽃 터널을 이룬다. 그 벚꽃이 떨어지는 교정을 교내 음악방송을 들으며 걸으면 뭔지 모를 자긍심이 가슴에 차 뿌듯했다.

야구 시합이 있을 땐 전교생이 뛰쳐나가 목이 터져라 교가와 응원가를 불렀다. 처음으로 상대 학교를 누르고 이겼을 땐 눈물을 흘리기도 했다. 그 감동을 지금도 잊지 못한다. 학창시절의 즐거운 추억들이다. 우리는 좋은 선생님의 가르침으로 3년간 배우고 익히며, 연마했기에 지금도 그때 공부를 함께했던 친구들을 잊지 못한다.

 코로나19로 한동안 친구들을 잘 만나지 못했다. 동기회에 나가면 언제든 친구들을 볼 수 있다. 매달 열리는 동기회에 좀 착실히 나가야겠다. 세상에 고교 친구만큼 좋은 친구들은 없고, 고교 친구만큼 친구의 마음과 가치를 잘 알아주는 고산유수(高山流水) 같은 사람은 없다. 이 땅에 살아가며 고등학교를 졸업한 동시대의 사람이라면 누구나 느끼는 감정일 것이다.

잊을 수 없는 선물,
모텔 이용권

　　우리 부부는 결혼 이후 부모님이 돌아가실 때까지 부모님을 한 집에서 모시고 살았다. 자식이 부모를 모신다는 것, 너무나 당연한 일이지만, 실제 모시고 살아보면 여러 애로사항이 있다. 솔직하게 말해 어려움과 불편함이 따른다. 사생활도 좀 신경 쓰였다고 보면 틀리지 않을 것 같다.
　　오래전 아끼던 후배로부터 뜻밖의 기상천외한 선물을 받았다. 듣도 보도 못한 모텔 이용권이다. 세상에 백화점 상품권이나 구두 할인권 등은 수차 봐왔지만 모텔 이용권은 난생처음이었다.
　　이용권은 양식이 있는 것도 아니고 모텔 명함에 주인인 듯한 사람의 자필 사인이 되어 있어, 출입 때 보여주면 이용할 수 있도록 간이로 만든 것이었다. 말하자면 부모님 모신다고 고생하시는 형님이 이곳을 한 번씩 들러 이용하며 쉬시라는 의도였다.

그 희한한 모텔 이용권을 구상한 것부터 놀라웠지만, 일부러 모텔을 방문하여 전후 상황을 설명하고 양해를 구하여, 주인의 허락을 받은 노력이 참말로 가상했다. 어떻게 사람 마음을 이렇게 꼬집어 알아냈는지 내 머리로는 도저히 상상이 가지 않았다. 그것도 5장이나 되었으니 5번 출입이 가능했다. 금액도 만만찮지만 금액으로 환산하기에는 성의가 너무 눈물겨웠다.

내가 언제 모텔 출입을 할 수 있었던가? 회사 연수 등의 사유로 호텔이나 콘도는 이용할 기회는 혹간 있어도 모텔은 거의 이용할 수 없는 처지이다. 그런데도 그 모텔을 5번이나 이용토록 했으니, 후배의 그 기발한 마음 씀씀이에 고개를 내저을 수밖에 없다.

지금도 그 후배를 만나면 나는 이렇게 물어본다. "어떻게 그런 발상을 하게 되었는지?". 후배는 이렇게 답한다. "형님, 부모님 모시고 살면서 애로사항이 어디 한두 가지이겠습니까? (하하)". 나는 살아오면서 이 모텔 이용권만 생각하면 후배의 얼굴이 떠오르고, 늘 고마운 마음을 지울 수 없다.

문제의 이용권을 갖고 어느 날 낮에 모텔을 방문했을 때 엘리베이터 안에서 다른 한 커플을 만나게 되었다. 당연히 모르는 사이, 어색한 침묵이 흘렀다. 그때 내 머릿속에는 '저 사람들은 우리를 어떻게 볼까?', 또한 '나는 저 사람들을 어떻게 볼까?' 하는 생각이 들었다. '적절'일까? '부적절'일까?

그러나 나는 '우리는 '적절한' 모텔 이용권 부부란 말이야' 하는 답변을 속으로만 되뇌었다. 그러나 아무리 '적절'을 강변해도 그들은 우리를 바로 보지는 않았을 것 같다. 왜냐하면 그들은 모텔 이용권이라는 '입장권'을 소지한 정상 부부라는 것을 생각도 못 했을 것이기 때문이다.

그러나 여기에서 알게 된 새로운 팩트 하나. 낮 시간대에 모텔을 찾는 부부고객이 의외로 많다는 사실이다. 우연히 모텔 여성 관리인으로부터 들은 이야기로, 휴일 아침 등산 가방을 메고 오는 부부도 적지 않다는 것이다. 이들 중 다수가 부모님을 모시고 사는 사람들이라 한다. 그러니 앞으로는 모텔이라는 장소의 해석도, 섣부른 판단도 유보해야 할 것 같다.

그때 이후 나는 모텔에 대한 선입견도 바뀌고, 호감 어린 시선으로 보게 되었다. 사실, 비용 대비 효용 측면에서 본다면 모텔이 호텔보다 나은 것 같았다. 여행을 갈 때도 먼저 모텔, 호텔 순으로 검색을 하게 된다.

이 대목에서 나는 수많은 부모 봉양 부부들에게 모텔 이용을 한 번쯤 권하고 싶다. 당시 기억을 되살려 보면 모텔은 그런대로 괜찮은 시설을 완비하고 있었고, 가격도 적절했다. 불편을 굳이 감수하면서까지 '집콕'만 고집하지 말고 한 번쯤 모텔행을 해보는 것도 한 방법일 것 같다. 형편이 된다면 호텔행은 더욱 좋을 것이다. 꾀를 내 장소가 어디든 잠시라도 집을 벗어나 바람을 쐬면 좋을 것 같다. 분위기가 달라질 것이다.

이제 부모님이 가신지도 10년이 훨씬 넘었다. 그동안 아이들도 장성하여 제각기 떠나 살아 집에는 우리 부부 달랑 둘이다. 외출이나 외식, 여행도 얼마든지 마음만 먹으면 할 수 있다. 모텔도, 호텔도 언제든 갈 수 있다. 부모님 살아생전 때와 환경이 크게 달라진 것이다.

그러나 늘 부모님이 집에 계신듯한 느낌이 든다. 아내는 "지나고 보니 그때 부모님을 모신 일이 그렇게 힘들지는 않았던 것 같다"며 "다시 부모님이 돌아오셔도 모신다는 마음에는 큰 변화가 없을 것 같다"고 말한다. 고마운 말이다.

부모님이든 누구든 한번 가면 그만이다. 돌아오지 않는다. 해서 나는 제사를 그렇게 반기지 않는다. 중요한 것은 살아생전 잘 모셔야지, 돌아가신 후 상다리 부러져라 하고 제사상 잘 차려봤자 다 부질없는 일이기 때문이다. 음식을 드실 부모님도 안 계시는데 제사 잘 지내봤자 무슨 소용이 있겠는가? 해서 우리 집은 제사는 기제사(忌祭祀)만 지내고 명절에는 약식으로 간단히 넘어간다.

《한시외전(韓詩外傳)》은 이런 말을 전한다. "수욕정이풍부지(樹欲靜而風不止), 자욕양이친부대(子欲養而親不待)". '나무는 조용히 있고 싶어도 바람이 멎지 않으며, 자식이 효도를 하려고 해도 부모는 기다려 주지 않는다'. 살아계시지 않는다는 뜻이다.

부모님을 봉양하고자 하나 이미 돌아가셔서 효도를 다할 수 없음을 한탄한다는 풍수지탄(風樹之嘆)이다. 살아계실 제 효도를 다해야 한다. 돌아가시고 나서 후회 안 하려면 생전에 잘 모셔야 한다. 지나간 후 고쳐 못 할 일이 부모님 섬기는 일이라고 했다.

주변에서는 부모님 모시는 문제를 두고 갈등하는 가정이 적지 않은 것으로 듣고 있다. 추정컨대 많은 가족이 겪는 일일 것이다. 허나 어차피 부모님은 가신다. 얼마 있지 않아 우리 부부도 떠나고야 만다.

그렇게 생각한다면 부모님 모시기가 한결 수월해질지도 모르겠다. 나는 우리 가족 모두가 무탈하게 세끼 밥 굶지 않고 잘 지내는 것도 다 조상님 덕분이라 생각한다. 부모님만큼 자식들을 걱정하는 사람은 이 세상에 어느 누구도 없다. 나이 들어보니 자나 깨나 자식 걱정을 하시던 부모님이 생각나고, 부모의 자식 사랑을 뼈저리게 느끼게 된다.

내가 내 자식들로부터 효도를 받으려면 내가 먼저 부모님에게 효를 다하는 것이 순서이다. 그러지 않고 효도를 받으려고만 한다면 도둑심보이다. 내 자식들이 나(부모)에게 잘해주기를 바라는 것과 똑같이 앞서 네 부모에게 효도하라는 말이다. 제 자식 걱정은 밤잠을 못 자고 하면서 부모님 은혜는 쉽게 망각해 버리니, 자식 된 도리를 다하지 못함이다. 우매한 게 인간이다.

세상 사람들이 이 같은 이치를 잘 몰라 효를 다하지 못하는 게 아닐 것이다. 알고도 잘 못한다. 부모님이 살아계실 제 좀 더 잘해드릴 것을 하는 마음이 새삼 마음을 후벼판다.

우리 부부는 20년이 지난 지금에도 그 모텔 이용권이라는 티켓을 잊지 못한다. 선물해 준 그 후배 또한 잊지 못한다. 나는 한 번씩 친구들과 만날 때 이 이야기를 하곤 한다. 친구들은 이렇게 답한다. "그 참, 멋진 선물이네, 나도 받아봤으면 좋겠다".

'있을 때' 잘하는 것이 인생에 좋고, 사람은 은혜를 잊지 말아야

내가 좋아하는 2개의 문구가 있다. "있을 때 잘해"와 "사위지기자사(士爲知己者死), 선비(남자)는 자기를 알아주는 사람을 위해 목숨을 바친다"이다. 그래서 이들 문구를 자주 인용한다.

"있을 때 잘해"는 내가 '잘나갈 때 잘하라'라는 말이다. 흔히들 쓰는 쉬운 말이기도 하다. 나는 그러나 이 말이 매우 중요한 처신의 뜻이 담겨 있다고 생각한다. 조금이라도 남을 도와줄 형편이 되면 도와주라는 말로, 특히 현직에 있을 때 할 수 있는 한 '도우며 베풀어라'는 의미이기도 하다.

그렇다고 직(職)을 이용해 불법을 적법으로 봐주라는 것은 아니다. 법이 허용된 범위 안에서, 법의 위배가 안 된다면 사정을 이해하여 도와주라는 의미이다. 냉정히 따지고 보면 그것도 직무와 관련되겠지만.

비단 업무가 아니라 할지라도 사회생활을 하면서 몸을 부대끼며 도와야 할 경우가 많이 있는데, 이럴 때 몸과 정성을 아끼지 말아야 한다는 뜻이다. 아무리 어려운 일이 있어도 경조사 시 인사 하나만으로 해묵은 원한이 해결되기도 한다.

나의 경우 기자라는 직업 때문에 적지 않은 부탁을 받았다. 사회부 사건기자 시절, 사소한 위반이나 송사의 경우 "어찌 된 것인지 좀 알아봐 달라"는 부탁을 많이 받았다. 사건을 해결해 달라는 것이 아니고, 갑자기 일이 났을 때 어떻게 할 줄을 몰라 당황하여 "알아봐 달라"는 부탁 아닌 부탁을 많이 받았다는 것이다.

일반인은 경찰서나 법원, 검찰청 등 기관에 들어가기가 낯설고, 경우에 따라서는 좀 경직되다 보니 일어나는 현상이다. 그럴 때 나는 상식의 범위 내에서 알아봐 줄 게 있다면 알아보고, 도울 일이 있다면 돕는 스타일 쪽이었다. '나 몰라라' 하고 모른 체는 잘 하지 않는다.

음주운전 등 해결이 불가능한 부탁을 해오면 정말 곤란하다. 바로 거절도 하지만, "일단 알아보자"며 시간을 좀 끌다가 "정말 안 되겠다"고 말한다. 사정이 급한 쪽에게 단칼에 거절을 해버리면 매우 서운해하기 때문이다. 면전박대를 당하면 사안의 경중은 따지지도 않고 매정하고 박절하다고 생각한다.

일반적으로 민원이나 분쟁이 있는 사람들은 자신이 할 수 있는 한 방법을 다 해보고 도저히 안 된다 싶을 때 마지막으로 신문기자나 신문사를 찾는다. 그렇게 마지막 방편으로 보고 찾아온 사람에게 차갑게 대할 수는 없는 형편이다.

그러나 공사(公私)는 분명히 가렸다. 아주 오래전 사회부 기자 시절 어느 학교 운동장에 쓰레기가 파묻힌 사실을 제보받고는 확인취재에 들어갔다. 취재 과정에서 그 학교의 관계자가 나를 만나 설득하다 안 되자 급기야 돈 봉투를 던지고 달아나 버렸다. 이 황당한 일에 나는 돈 봉투를 파출소로 갖다주고 신고를 해버렸다. 당연히 기사는 보도되었고, 학교는 처벌을 받은 것으로 알고 있다.

도심 건물의 부적합한 용도변경에 대한 기사가 나가고 있을 때 사장이라는 사람이 찾아와 내 차 안에 돈 봉투를 던졌다. 내가 "이걸 안 가져가면 차를 움직이지 않겠다"고 하자 다시 가져갔는데, 그로부터 1주일쯤 지나 그는 구속되었다.

이런 일들은 지인의 "알아봐 달라"는 부탁과는 천양지차가 있는 것이다. 요즘 같으면 '돈 봉투'는 생각도 할 수 없고, 그러한 문화 자체가 사라진 지 오래지만 과거 시절 그런 때가 있었다는 것을 숨기지 않는다.

경조사도 마찬가지이다. 비록 몸과 시간이 바쁘고 경비도 들지만 찾아보는 게 낫다는 생각이다. '품앗이'라고 하지만 경조사의 만남은 일반적인 만남, 그 이상의 깊이와 감동이 있다.

흔히들 기자라고 하면 '돈 안 내는 사람, 남의 흠만 파는 사람' 등으로 인식되어, 인간성이라고는 없는 사람으로 간주되곤 하는데, 나는 이러한 시선에 강력히 반대한다. 나는 기자를 인텔리의 대명사로 생각한다.

지적 노동에 종사하는 사람으로, 지식과 학문, 교양을 갖춘 지식인이 바로 기자이다. 여기에다 역사적 사관(史觀)을 갖고, 국가와 사회, 국민과 시민을 위해 봉사하는 투사적 기질과 자질을 갖춘 사람이기도 하다. 나는 여기에다 넉넉한 인간성과 대인관계를 가진 사람으로 본다.

이러한 자질과 심성의 사람들이 기자라면 어려운 처지의 사람을 도와야 하고, 그러므로 "있을 때 잘해"라는 말이 나오는 것이다. '있을 때' 잘하면 사회는 배신하지 않고 역으로 나를 도와준다고 믿고 있다.

나는 사회의 한 구성원으로서 내가 똑똑하고 잘나 사회에서 이름을 내는 것이 아니고, 사회라는 큰 울타리가 나를 음양으로 도와주었기 때문에 행세깨나 하며 밥 안 굶고 산다고 생각한다. 그것이 "있을 때 잘해"라는 문구를 옹호하는 한 이유이기도 하다. 도움과 베풂이다.

"사위지기지사(士爲知己者死)"도 마찬가지 맥락이다. 나를 인정하여 도와준 사람의 은혜를 잊지 않고 의리를 지켜 목숨을 바친다는 말이다. 나는 이 말을 오래전부터 《사기(史記)》를 읽고 거의 외웠다. 신의와 의리, 지조를 목숨보다 더 소중하게 여긴다는 뜻이어서, 왠지 마음에 들고 좋았다. 비록 나는 고사 속의 그러한 대인(大人)의 풍모를 따라가지 못하지만, 그런 사고와 행동을 하는 마음이 깊고 통이 큰 사람이 좋아 보였다.

이 말의 어원을 간단히 요약하면 다음과 같다.

"중국 진(晉)나라의 예양(豫讓)이라는 사람은 자신을 국사(國士)로 예우해 준 지백(智白)의 휘하에 들어가 천하를 도모하게 된다. 그러나 지백은 조(趙), 한(漢), 위(魏) 연합군에 대패하고, 지백도 조나라 왕 양자(襄者)의 칼에 죽게 되자, 주군을 위해 3번이나 복수를 시도하다 실패에 그치고 만다.

붙잡힌 예양은 그 정신을 높이 사 살려주겠다는 양자의 제의를 뿌리치고, '마지막으로 조나라 왕의 의복을 베게 해달라'고 요청하고는, 옷을 갖다주니 3번을 뛰어올라 옷을 베고는 자결하고 만다. 예양은 이때 '아무도 나를 거들떠보지 않았는데 지백만은 사람으로 예우해 주었다'며 '남자는 자기를 알아주는 사람을 위해 목숨을 바친다'고 말했다"[13]

예양과 지백은 비록 군신지간이지만 사나이의 의리와 신의를 생각나게 하는 대목이다. 이와 유관하게 나오는 말이 있다. "여자는 자기를 예뻐해 주는 사람을 위해 얼굴을 가꾼다(여위열기자용: 女爲悅己者容)". 남녀가 신의와 의리를 지키는 것은 차이가 없다. 은혜를 잊지 말라 하는 교훈이다.

해서 나는 이 두 가지 문구를 좋아한다. 두 문구가 의미하는 바도

---

13 사마천 지음, 김진연 편역, 《사기 1(토끼사냥이 끝나면 사냥개를 잡아먹는다)》, 서해문집, 2002, 220~224쪽.

같다. 신의와 의리, 지조이다. 이러한 신의와 의리, 지조는 주로 정치판에서 많이 등장하기도 한다. 왜냐하면 자신의 처신이 극명하게 드러나는 곳이 정치판이기 때문이다.

카멜레온처럼 옷을 자주 바꿔입고, 자신이 뱉은 말을 하루아침에 뒤집는 것을 우리는 정치판에서 많이 봐왔다. 그 옛날 어느 거물 정치인은 자당 소속 의원이 탈당을 했을 때 "은혜를 입은 사람일수록 고개를 돌리다가 가버린다. 돈과 바람에 휘둘리면 이미 정치인이 아니다"고 했다. 비단 정치인뿐만 아니라 은혜는 우리 생활과도 전혀 무관하지 않다.

자칫 눈앞의 잇속과 권세에 눈멀어 이름과 명예를 버렸을 경우 일순간에 모든 것을 잃고 만다. 《채근담》에 이르기를 "한때의 적막을 받을지언정 만고에 처량한 이름이 되지 말라"고 했다. 현직 은퇴하여 이른바 '끈이 떨어진' 지금에도 나는 "알아봐 달라"는 부탁을 받곤 한다. 나에게 그럴 능력이 전혀 없음에도 말이다. 그러나 나는 주저하지 않고 답한다. "아, 잘 알아보겠습니다".

대학강의 예사로 덤볐다간 큰코다친다

내가 현직을 떠나 대학에서 강의를 하게 된 것은 학교 같은 곳이 그래도 나에게 적합하지 않나 하는 생각 때문이었다. 나이 60세가 훌쩍 넘어 달리 갈 곳도 없고, 어디 가서 봉급 달라고 하기에도 영 마땅찮았다.

지역의 모 대학에 초빙교수라는 이름으로 가게 된 것도 기자 생활 동안 맺은 인연 때문에 가능했다. 대학사회도 입학생이 줄어들어 교원들이 설 자리가 점차 없어지는 마당이다. 하여 강의 시작하면서부터 나는 내심 '나이가 좀 많지 않나?' 하는 눈치가 보이기도 했다. 그래 저래 나는 '교수님' 소리를 듣게 되었다.

2017년 2월 말 첫 강의를 시작했다. 강의과목은 '의사소통능력'과 '대인관계 능력'이다. 수강 학생들은 이공계 1학년 2개 과에 주 8시간. 나름 강의계획을 준비했지만 며칠 전부터 떨렸다. '내가 잘할 수 있을까?' 하는 의구심에서부터 '학생들이 나를 어떻게 볼까?' 하는 생각에 좀 긴장되고 신경이 쓰였다. 시간을 딱 맞춰 강의실 문을 연 순간 학생들의 눈이 모두 나에게로 쏠렸다.

나는 애써 태연한 척 "전기과 1학년 A반 맞나요?" 하고 말하면서 교탁에 교재와 강의 노트를 얹었다. 물통을 준비했지만 처음부터 목이 말랐다. 4~5번 마셔대다 보온 물병 한 병을 다 비운 것 같다. 미리 준비한 강의 노트 순서에 따라 강의를 시작했다.

강의에 앞서 강의 노트를 준비하고 말하는 순서도 정할 뿐만 아니라, 시간도 재보고, 학생들을 웃기게 하는 양념 이야기도 마련했다. 학교에서 제작한 교재도 있었고, 강의 노트는 10포인트로 쓴 A4 여섯 장 정도를 준비했다. 아마도 좀 여유가 있지 않으려나 하고 생각했었다. 그런데도 40여 분 지나니 모두 소진되었다.

마음속으로 '모자라면 안 되는데…' 하면서 어떻게 시간을 마쳤다. 첫 강의여서 "2시간을 다 채우면 안 된다"는 딸아이 지적을 받아들여 조금 일찍 마친 덕분이었다. 나는 2시간 강의가 상당히 길다는 것을 새삼 알게 되었다. 강의준비를 탄탄히 하지 않으면 말문이 막히는 사태(?)가 온다는 사실을 깨닫게 되었다고나 할까?

첫 강의는 그렇게 지나갔다. 오전, 오후 각 2시간 등 모두 4시간의 강의를 마치고 집으로 돌아오니 목이 부어 있었다. 갑자기 말을 오래 하며, 크게 하다 보니 목이 부어버린 것이다. 현직 교수들이 기침 가래약을 먹으며 강의를 한다는 말이 이해가 갔다. 실제 나도 수시로 먹었다.

 몇 번 하다 보니 나름 준비한 유머 양념이 시대에 뒤떨어진 감이 있어 책을 사서 공부도 했다. 몇 년 전 산 책을 보고 강의 도중 한번 써먹었는데 웃음을 전혀 유발하지 못했다. "인천 앞바다의 반대말은?" 단번에 정답이 나와버렸다. "인천 엄마다". 앞에 앉은 학생이 바로 맞추는 바람에 "야, 이래서는 안 되겠다" 싶어 신간 유머책을 구입해 몇 개를 적어 외웠다.
 강의를 진행하면서 곤란한 것은 학생들의 수업 태도였다. 교실에 들어오자마자 아예 통잠을 자버리거나, 스마트폰을 켜고 강의는 나 몰라라 하는 경우이다. 그대로 두기가 곤란하여 "출석은 인정할 터이니 밖에 나가거라" 하고 나무랐지만, 거기엔 응하지도 않아 난감했다. 어떤 교수들은 고함을 지르고 욕도 한다지만, 그렇게는 할 수 없었다. 그대로 두는 수밖에.

 또한 어려운 것이 시험이었다. 한 학기에 2번의 시험을 치르는데 채점을 하고 학점을 매기는 것이 매우 힘들었다. 내가 학창시절 시험을 칠 때는 감독을 하는 선생님들이 부러웠는데 실제로 해보니 이만저만 힘든 것이 아니었다.
 우선 학생들의 전체 수준에 맞게 난이도를 조정하여, 출제를 해야 하고, 채점을 해서 학점을 매겨야 하는데, A부터 F 학점까지 점수가 고루 분포되지 않았다. 비슷한 점수대의 학생들이 많으면 특정학점에도 몰리는데, 학점은 학점마다 '몇%' 등으로 제한되어 있었다. 그러나 객관식 문제의 성적은 명백히 나와 조정할 방도가 없었다.

그래서 부득불 일부 주관식 문제의 답을 보고 점수 조정을 했는데 쉽지 않았다. 학생들의 불만도 있는 것 같았다. 이런 문제로 인해 처음에는 객관식 문제를 절반 이상 내다가, 한 학기 지나서부터는 70% 이상을 주관식으로 바꿔버렸다.

주관식 문제는 채점을 하는 과정에서 딱 떨어지는 답안이 없으니, 교수 재량으로 점수를 조정할 수 있기 때문이다. 학기 말 학점 공개 이후 1주일 동안은 학점 이의(異議) 신청 기간인데, 신청이 잇따를까 봐 신경이 쓰였다. 이의 신청을 한 학생은 한 사람도 없었지만, 긴장을 늦출 수 없었다.

또한 어려운 문제가 재시험이었다. 1차 시험에서 점수가 학점에 미달 될 경우, 몇 시간 정도 재수강을 하고는 재시험을 쳐야 하는데, 시간이 매우 촉박했다. 이 기간 동안 학점 산출과 재시험 등 두 가지 일을 하기가 만만찮았고, 문제는 해당 학생들이 재시험을 안 친다는 데에 있었다. 재시험에 응해서 뭐라도 써놓아야 학점을 줄 것인데, 아예 불참해 버리니, 줄 수가 없는 것이다. 부득불 F 처리가 되는데 안타까울 뿐이었다.

평소 시험에 앞서 나는 우스개로 "답을 정 모르겠다면 애국가 가사나 부모님 자랑이라도 쓰라"고 몇 번 당부했지만, 간 크게 백지로 내거나, 시험에 불참을 해버리는 것이었다.

이외 어려운 점은 옛날과는 달리 강의계획이나 학점 처리 등 모든 학사일정이 전산화되어 있어, 이를 처리하는 것이었다. 아날로그 세대인 나로서는 그 방면이 취약한데, 동료 교수나 조교들에게 '물어물어' 배워 처리하곤 했다. 첫 학기 적응할 때 매우 힘들었다.

지역 유지 한 분은 초빙교수나 객원교수 등 교수라는 호칭이 좋아 보였나 보다. 학교에 자리 부탁을 하여, 평소 바라던 초빙교수가 되었다. 그러나 1주일 만에 손을 들고 말았다. 도저히 강의를 할 수 없었다는 게 이유였다.

그냥 강단에 서면 될 줄 알았는데 실제 강의를 해보니 전혀 '아니올시다'였다. 강의준비가 만만찮았고, 충분히 준비를 한 것 같았는데도 막상 강의를 해보니 잘되지 않고 학생들의 호응도 떨어져 애로가 많았다는 것이다. 쉽게 보고 덤빌 일이 아니라고 덧붙였다.

실제로 대학강의가 그렇다. 요즘에는 특히 학생들이 교수를 평가한다. 학생들은 수업은 대충(?) 들어도 교수평가는 정말 잘한다. 나도 나의 평가가 어떻게 나왔는지 매우 궁금했다. 다행히 상위권에 들어 안도하곤 했다. 지금도 나를 '교수님'으로 부르는 지인들이 몇 있다. 대부분의 직장인들이 마지막 직장의 직함이 평생을 따라 다닌다. 이런 이유로 때때로 '교수님'으로 불린다.

대학교수는 우리 사회에서 존경받는 직업인이다. 그러나 길지 않은 시간 동안 실제 내가 '교수'라는 직함을 갖고 일을 해보니, 평생을 교직에 몸담은 '진짜 교수'들의 고충이 많아 보였다. 특히 학생 수가 줄어 학교 차원에서 대책을 세우고, 교수들도 강의와 학생 충원, 취업 등 이중 삼중의 고생을 하고 있었다. 이런 와중에 특별한 스펙도 없는 외부인이 강의를 한답시고 학교에 나타나니 시선도 크게 곱지 않았던 것 같았다.

  시간이 흘러 한 학생의 전화가 왔다. 자기소개를 하며 "그때 교수님이 사회에 나가 어려운 일이 있으면 연락을 하라고 하여, 전화를 했다"며 사업관계 일을 물어왔었다. 기분이 나쁘지 않았다. 덕담을 나누었다. 대학강의, 교수라는 이름은 듣기는 좋지만 꽤 힘들었고, 일반인이 의욕만으로 섣불리 덤벼서는 안 될 것 같았던 기억으로 남는다.

TV 〈전원일기〉,
그 옛날 우리들의 자화상

　MBC에서 장기 방영한 〈전원일기〉를 최근 자주 본다. 이 드라마는 1980년부터 2002년까지 무려 22년간 우리나라 최장수 프로로 1천 회 넘게 방영되었다 한다. 그런데 첫 방영된 지 40여 년, 종영된 지 20년이 지난 지금까지 많은 시청자의 마음을 움직이고 있다 하니 놀랍다.
　처음엔 우연히 케이블 TV를 통해 재방영되는 이 드라마를 보게 되었다. 그러나 볼수록 농촌에서 살아가는 사람들의 순박하고 애정 있는 극의 진행에 빠져들었다.
　이제는 〈전원일기〉에 푹 빠져 있다. 나 외에도 시청자가 많은지 서너 곳의 케이블TV에서 경쟁적으로 옛 필름을 돌려 방영을 하고 있다. 무엇이 20년 전에 종영된 그 옛날 농촌 드라마에 현대인들이 관심을 갖고 시청하게 되는 것일까? 선뜻 이해가 가지 않는 대목이다.

이야기는 1980~1990년대 양촌리라는 시골 농촌에서 농사일을 하는 김 회장댁과 이웃 복길네를 중심으로 일어나는 마을 사람들의 다양한 삶과 애환과 보람, 그리고 우정과 눈물 등으로 엮어진다. 특히 3대가 함께 사는 김 회장댁은 효란 무엇이며, 대가족의 삶과 고충이 무엇인지를 잘 보여준다.

노할머니를 모시고 사는 시어머니가 자신의 3명의 며느리와 노할머니 사이에서 느끼는 사랑과 갈등, 또한 신세대 며느리들의 애정과 애로사항 등이 고스란히 전해진다. 또 한 위로는 노할머니와 시부모 눈치를 보면서 동생 며느리 두 사람을 챙기며, 집안 살림을 꾸려나가는 맏며느리(고두심 分)의 고충과 심성 또한 요즘에는 찾아보기 힘들다.

아마도 극 중의 시어머니와 맏며느리가 일반 가정에서도 있었다면 두 사람 모두 효부상(孝婦賞) 감이었다. 아무리 사이가 좋아도 고부(姑婦)간 갈등이 없을 수야 없겠지만, 극 중에서 두 사람은 서로 이해와 배려로 원만한 관계를 유지한다.

요즘의 드라마는 대체적으로 고부간이라 하면 갈등과 반목으로 점철되는 경향이 짙은데, 〈전원일기〉에서는 그러한 모습은 잘 없고, 무난하게 전개되었다.

복길네의 시어머니인 일용 엄니(김수미 分)도 적극적인 성품의 할머니이다. 동네 마당발인 일용 엄니의 역할은 〈전원일기〉에서 빼놓을 수 없는 부문이다. 인정도 많고, 샘도 많아 분란도 일으키지만 종국에는 시원스레 해결하는 역할을 한다.

갖가지 농촌의 어려움에도 이웃들이 서로 도우며, 특히 30대에서 50대 노총각까지 포함된 젊은 친구들의 우정이 돋보인다. 그들은 늘 함께 일하며, 함께 고민했다. TV를 보면서 '나도 저런 친구들과 우정을 나눠보았으면' 하고 부러워했다. 친구와 선후배들이지만 혈육 못지않게 서로의 아픔을 함께 해결하며 고뇌하는 친구들의 모습은 감동적이다.

농촌 총각들이 왜 결혼을 잘 못하는지도 절박하게 묘사되고 있다. 수차례 맞선을 보아도 "촌에 시집오기 싫다. 농사짓기 싫다"라는 이유로 퇴짜를 맞고 50대 나이에 들어선 '늙은 총각'들의 이야기는 우리의 가슴을 쓰리게 한다.

부녀회를 중심으로 단합하여 마을 공동의 일들을 풀어나가는 주부들의 모습도 자못 진지하면서 재미있다. 그들의 순박한 말투와 행동에서 자연스러운 웃음이 나온다.

그야말로 농촌과 가족과 이웃의 사랑 이야기들을 진솔하게 풀어나간 대서사시이다. 그 농촌에서 일어나는 갖가지 사람 사는 세상을 출연 배우들은 온 정성을 다해 순박하게 묘사를 했다. 그때, 그 시절 그리운 이야기들이다.

나는 출연진들의 연기에 대해서는 잘 모르고 평가를 할 수도 없다. 다만 그들의 연기를 통해 당시 살기 힘들었던 농촌 생활의 온갖 어려움을 극복하고 모락모락 피어오르는 효와 가족애, 그리고 인정과 우정과 이웃사랑을 물씬 느낄 수 있었다.

무엇이 그렇게 만들었을까? 그것은 농촌이라는 큰 산이 있었기에 가능했으리라. 말 없는 농촌은 우리에게 땅을 주고 물을 주고, 곡식을 주고, 비바람을 주면서 마을 사람들을 보살펴 왔다. 그 속에서 농민들은 고난을 극복하고 희망을 피웠다.

우리에게 농촌은 고향과 같다. 이 땅에 사는 사람들이 언젠가는 회귀하고 싶은 곳이 고향이고, 그곳이 바로 농촌일 것이다. 영원히 잊을 수 없는 삶의 안식처이다. 우리는 김 회장(최불암 分)에게서 고뇌하는 아버지의 상을, 김 회장의 부인(김혜자 分)에게서 늘 자식 걱정하고 신세대 며느리들을 다독이는 자상하고 마음 약한 어머니상을 보았다.

그들이 우리들의 아버지요 어머니에 크게 다름이 없다. 말없이 묵묵히 가족을 지키고 이끄는 아버지, 늘 자식과 손자들을 챙기는 시어머니, 우리들의 부모님 상이었다.

그래서 TV 앞에 앉아 웃고 아쉬워하고 눈물짓는 것이다. 고향과 부모님을 그리워하지 않는 사람은 없다. 설 추석 명절, 고향으로 향하는 자동차의 물결은 우리네 국민들의 독특한 모습이다. 고향을 찾는 마음은 바로 부모님을 찾는 마음이다. 그곳이 농촌이다. "아 저 때는 그랬었지", "세상에 저런 아궁이에서 밥을 다 짓고, 장작을 때 방을 덥히고" 등 아련한 옛 추억에 젖어 든다.

어느새 세월은 흘러 불 때는 아궁이가 가스레인지로 바뀌고, 농촌 부엌에 냉장고가 들어섰다. 방에는 컬러 TV와 이동식 전화기가 들어오고, 지붕과 마루도 제법 현대식으로 개선되었다. 이제 농촌도 영 시골 같지는 않고 살기 좋은 곳으로 바뀌어 가고 있다.

그러한 농촌의 진화하는 모습도 눈여겨볼 만하다. 쌀농사뿐만 아니라 과수와 채소 등 소득 작물로 대체되는 과정이다. 배를 딸 때면 동네 사람들이 함께 모여 일손을 거들었다. 그러나 이러한 과정만 있는 것은 아니다. 농촌 환경 변화로 점차 어렵게 되어가는 농촌의 어려운 현실도 극 중에서 보여주었다.

〈전원일기〉를 보게 되면 자꾸만 우리들이 커온 옛 시절이 생각난다. 지금이야 어린이들이 계란을 잘 거들떠보지도 않지만 우리들이 자랄 땐 계란은 정말 귀한 음식이었다. 소풍 갈 때 어머님으로부터 삶은 계란 2개를 받아 1개는 내가 먹고, 다른 1개는 선생님에게 드리곤 했다. 그러한 아련한 옛 추억과 향수를 〈전원일기〉는 제공하고 있다.

하나의 드라마를 22년 동안 계속하니 정말 부부 같고, 맏며느리 같고, 농사일하는 사람들 같다고 한다. 극 중에서 사랑을 하던 오빠 동생(영남이-복길이)이 진짜로 결혼을 했다. 유명을 달리한 사람도 있다. 워낙에 방영이 오래된 탓에 극 중 배우들도 함께 늙어가는 모습을 확연히 볼 수 있었다.

책과 친구는 오래될수록 좋다고 한다. 오래된 〈전원일기〉 속에서 우리는 그리운 고향과 부모님을 본다. 〈전원일기〉는 그 옛날, 그때 그 시절, 우리들의 자화상에 대한 이야기이다.

퇴직 후
알바 하나도 용기 없으면 못 한다

 '퇴직을 하면 무엇을 할까?' 하고 나는 진작에 생각을 해보았다. 일을 한다면 몸을 움직이는 단순 육체노동직이 좋을 것 같았다. 건강에도 도움이 되고 약간의 돈도 벌 수 있어서다. 퇴직해서까지 머리를 쓰고 스트레스를 받는 일은 하기가 싫었다.
 신문사 퇴직 이후 다른 기관에 취업하여 일을 한 관계로 실질적인 퇴직은 4년여 되었다. 하여 이후부터 완전백수 대열에 동참한 것이다. 그래서 알바를 한 번쯤 생각해 본 것인데, 당장에 떠오르는 것들이 신문 배달, 주유소 주유원, 주차관리원 등 세 가지였다. 여기에 나중에 우연치 않게 편의점 알바도 가세했다. 그 중에서도 신문 배달이 1순위로 생각났다.
 신문이 가장 먼저 생각난 것은 그래도 한평생 신문을 만들었고, 그 신문이라는 그늘 덕에 온 가족이 먹고살았기 때문이다. 해서 이왕에 알바를 할 것 같으면 신문을 배달하는 것도 괜찮을 것 같았다.

 신문 배달을 하면 그렇게 많은 돈은 아니지만 용돈도 좀 벌 수 있고, 특히 건강에 도움이 많이 될 것 같았다. 새벽에 일어나 신문을 수령하여 관할 지역에 배달을 하면 자연적으로 유산소 운동이 될 것이고, 아침 밥맛도 좋아질 것이 아니겠는가? 건강은 자연 좋아질 것이고.

 그러나 신문 배달은 스스로 접고 말았다. 배달을 걸어서 하는 것이 아니고 오토바이를 타고 한다는 것을 알고 나서이다. 잘 알고 있었지만 잠시 깜빡했었다. 몇 년 전 자전거를 타다가 중심을 잃고 앞으로 엎어진 적이 있었다. 그로부터 아주 쉽게 생각하던 자전거도 신경이 쓰여 잘 타지 않고 있다.

 그런데 오토바이를 타는 것은 훨씬 위험해, '아서라, 이건 아니구나' 하는 생각이 들어 손을 들고 말았다. 새벽 4~5시께에 집 앞에 도착하는 신문의 이른 배달시간을 보고서도 '야 이거 장난이 아니구나, 내가 그렇게 빠른 시간에 과연 해낼 수 있을까?' 하는 의구심도 손을 드는 데 한몫 거들었다.

 신문기자 출신이 은퇴 후 평생 근무했던 '친정 신문'을 배달한다면 누가 봐도 그 모습이 좋아 보일 것이고, 나 또한 뿌듯함과 보람이 있을 것 같았다. 그러나 오토바이와 새벽 이른 시간 배달이라는 암초에 부딪히면서 스톱이 되고 말았다. 지금도 가끔 생각은 나지만 선뜻 도전을 못 하고 있다.

 다음으론 신문 배달 이전부터 생각해 봤던 주유소 주유원이다. 파트타임으로 하면 크게 어려움이 없을 것으로 생각됐다. 그러나 이것도 유류 대금 결제하기가 만만찮았다. 눈이 나빠지다 보니 돋보기를 쓰고 카드 등의 결제를 하기가 어려워 보였다.

나는 비교적 눈은 괜찮은 편이었는데 50대 중반이 되면서 돋보기를 끼지 않으면 신문을 보기가 어려워졌다. 그렇다고 다중렌즈를 착용하자니 오히려 혼란스러워 돋보기를 갖고 다니면서 의존하게 되었다. 안과에서도 다중렌즈보다 불편해도 돋보기가 낫다고 했다.

그렇다 보니 주유대금 결제를 할 때 일일이 돋보기를 꺼내야 하는데 이를 주유소와 고객들이 어떻게 볼지 걱정되었다. 돋보기와 원거리 안경 2개를 교대로 벗고 쓰고 하면서 결제를 하면 일 처리도 늦어지고, 안경을 떨어트릴 수가 있다. 업무가 원활하게 돌아가지 않는다. 그리고 요즘 주유소는 대부분 셀프이어서 주유원이 많이 필요하지 않은 것도 한 이유였다. 그래서 주유원도 접게 되었다.

또한 세 번째로 생각했던 것이 건물 주차장의 주차관리원이었다. 하루에 적정시간 동안 주차관리를 하면 괜찮을 것 같다는 생각은 좀 오래전부터 했고, 큰 어려움이 없을 것 같았다. 그러나 이마저도 매연이 걱정되고, 좀 왜소하고 불쌍해 보일 것 같다는 생각이 들었다. 자동차 안에서 나를 아는 지인들이 고개를 갸우뚱거리며 쳐다볼 것 같았다.

장년의 건강이 중요한데 매연은 폐와 호흡기에 안 좋을 것 같다는 생각이 들자 그만 의욕이 떨어져 버렸다. 때로는 직접 주차 서비스도 해야 하는데 나이가 들면서 후진 주차가 잘되지 않아 혹시나 고객 차를 상하게 하지 않을까 하는 겁도 났다. 고급차를 주차 솜씨 부족으로 상처를 내게 되면 그 뒷감당을 누가 하겠는가?

사실 나는 수년 전 창원에서 대형병원을 짓는 한 고마운 지인의 병원 건물에서 "무료 주차관리를 하겠노라"고 약속을 했었는데 이마저 지키지 못하고 있다.

뭔가 한 가지 일이라도 제대로 하려면 근성과 열정이 있어야 하는데 내가 막상 그런 일을 해보려고 하니 결심이 잘 서지 않는 것이다. 세상에 '핑계 없는 무덤'이 없다고 실상은 의지가 없어 못 하는 것인데, 이래저래 핑계만 대는 꼴이다. 뭘 하나 제대로 하는 게 없다.

편의점 알바는 아내의 지인이 편의점을 운영하고 있어 생각했던 것인데, 말로만 그쳤다. 또한 한다고 해도 여러 애로가 있었다. 나이 든 사람의 경우 주로 밤 시간대에 근무하게 되는데, 남들 다 자는데 나 혼자 매장 관리를 하는 것이 마땅찮았다. 한 번쯤 하는 것은 무리가 안 갈 것 같은데 일로 삼아 한다고 생각하니 결정이 머뭇거려졌다. 또한 무슨 일에 매달리게 되면 나의 일상의 스케줄이 흐트러지고, 운동도 제대로 못 할 것 같았다. 결국 이마저도 없던 일이 되어버렸다.

결국 아무것도 할 수 없는 것이 되어버렸는데, 이 모든 게 나의 의지와 근성의 부족 때문이다. 일을 하는 데 편한 일은 없다는 사실을 익히 알면서도 편한 일만 하려니 되는 것이 없다. 알바를 하는 사람들의 좋은 모습만 보고 흉내를 내려다 내가 막상 하려니 겁도 나고,

주변의 눈치도 있어 그만두고 만 것이다. 체면 때문이기도 하다.

작은 일이라도 추진력과 소신, 마음의 결정과 의지가 있어야 하는데 나는 파트타임 알바 하나 제대로 못 하니 '참 많이 모자라는구나' 하는 자책감이 들었다. 하나를 보면 열을 안다고 이래 가지고 그동안 험한 세상 어떻게 살아왔는지 나 자신도 이해가 되지 않았다.

되돌아보니 신문사라는 일부 알량한 '권력'의 범주에 들어가는 직장에 있었기 때문에 어려운 일은 피해온 게 아닌가 하는 생각이 들었다. 남들은 "신문기자 밤낮없이 24시를 뛰는 바쁜 사람"이라 말하지만, 실은 그렇게 바쁘게 뛰지도 않았고, 오히려 그 얄팍한 '권력'의 우산에서 사회의 보호를 받으면서 안일하게 살아오지 않았나 하는 부끄러움도 든다.

아침 일찍 시내로 나와보면 새벽부터 일을 하는 수많은 사람들을 보게 된다. 그들이 정말로 바쁘게 24시를 뛰는 사람들이다. 그런 사람들을 보면 그동안의 나의 삶이 너무 편안하고 나태하지는 않았는가 하는 자성도 하게 된다.

아무리 나이 들었다지만 알바 하나 시원스레 해내지 못하는 사람이 무슨 서민의 고통을 알고 글로 쓰는 '사회의 등불'이 되겠다고 수십 년 동안 펜을 들고 글을 썼는지 모를 일이다. 용기도 의지도 용맹도 결단력도 없는 무능자가 아닌지 스스로를 되돌아보게 된다.

꽃을 든 남자가 사랑받는다

 평생토록 꽃을 한 번도 가까이 해보지도 않다가 처음 꽃을 손에 들고 거리를 활보했다. 후배가 자신의 건물 옥상에 만발한 장미를 몇 송이 꺾어 주는 바람에 집으로 가져오게 된 것이다. 아내가 탄성을 질렀다. "어디서 가져온 거냐, 산 것이냐"며 놀라면서도 매우 반겼다. 꽤 기뻐하는 표정이었다. "아니 장미 한 송이에 이런 대박이!"
 금방 물병을 찾아 꽃을 정리해 꽂고 거실 한편에 놓으니 한결 주변이 부드러워진 듯했다. 돈 한 푼 들이지 않고 가져와 '선물'한 것인데 이렇게 환대를 받을 줄 몰랐다. 꽃이 무엇일진대 이렇게 단시간 내에 시선을 끌고 주변을 아름답게 꾸미는 것인지 고개가 갸우뚱거려졌다.
 그런데 이상한 것은 그날 꽃을 들고 집으로 오는 중 내 어깨가 으

쏙거리는 심정이었다. 왠지 자랑하고픈 생각도 들고 다른 사람들이 나를 많이 쳐다봐 주었으면 하는 마음이 들었다. 여러 물건에 비해 주변 시선을 많이 끄는 것 같았다. 꽃의 마력인가?

 소식을 들은 후배가 며칠 후 꽃집에서 장미와 하얀 안개꽃을 다발로 사서 아내에게 진짜로 선물을 하였다. 그래서 꽃병을 배경으로 사진도 찍고 SNS를 통해 아이들과 지인들에게 보내 부러움을 사기도 했다. "멋지다 꽃을 선물하다니!"

 이 일로 꽃집을 다시 보게 되었고 의외로 많은 사람들이 꽃을 사는 것도 알았다. 꽃집 하면 경조사 때 2단, 3단짜리 축화나 조화 등을 만들어 배달하는 곳이라는 인식이 깊었는데 다른 세상을 본듯했다. 내가 그동안 꽃 한 송이 못 사보고 감정이 너무 메말랐던 게 아닌가 하는 생각도 들었다.

 그렇다면 과연 꽃은 무엇인가? 나 혼자 꽃의 정의를 내리기가 버거워 박갑수 교수의 글을 한번 인용해 보았다.

 "우리말에서 '꽃'은 우선 인기가 많거나 아름다운 여인에 비유된다. 여인을 해어화(解語花)라 한 것이 그 대표적인 예이다. 여인을 말하는 꽃이라 한 것이다. 따라서 꽃은 거꾸로 '말하지 않는 여인이 된다' 소포클레스의 '여자여 말하지 않는 꽃이여'가 이러한 것이다"

 "'꽃 나이'는 여자의 한창 젊은 나이를 비유적으로 이르는 말이다. 방년(芳年)이 그것이다. '꽃띠'도 '꽃 나이'와 같은 뜻의 말이다. '꽃잠'은 깊이 든 잠이나, 신랑 신부의 첫날밤의 잠을 뜻하는 말이다. 이런 단어는 세계적으로 보기 드문 우리말의 단어가 아닌가 한다. 기껏 있대야 '달콤한 잠(Sweet sleeping)' 정도이겠지"[14]

그러니까 정리하면 꽃은 여성, 특히 미인을 말하며 아름다움에 비유된다. 네이버에 따르면 "19세기 유럽에서는 꽃말이 유행했다 한다. 직접 말할 수 없는 메시지를 꽃말을 통해 전달하는 것이다. 하얀 국화는 진실·성실, 개나리는 희망·기대, 백합은 변함없는 사랑, 장미는 색깔 따라 빨강은 불타는 사랑, 흰색은 순결, 노랑은 우정 등이라 한다. 물망초는 '날 잊지 마세요', 아네모네는 배신, 카네이션은 모정과 사랑, 코스모스는 소녀의 순결 등이다".[15]

일반적으로 대중가요 가사 중의 꽃은 '사랑'이다. 꽃이란 의미가 본디 아름다운 것임을 알았지만 사랑에 꽃을 빼면 시체(?)요 '앙꼬' 빠진 찐빵이다. "사랑은 눈물의 씨앗"이라 했다지만 이제부터는 "사랑은 꽃이요"라 외쳐야 할 것 같다.

사랑이 꽃이 아니라면 그 어느 것도 사랑을 대변할 수 없을 것이다. 사랑에는 꽃이 제격이다. 사랑이 꽃보다 아름다울 때에는 그 사랑은 꽃처럼 피어나 만개하는 것이다. 꽃과 사랑은 따로일 수 없고,

---

[14] 박갑수, 《우리말 우리문화(상)》, 도서출판 역락, 2014. 12, 115~119쪽.
[15] 네이버 시사상식사전, '꽃말', 저자:pmg 지식엔진연구소, 제공처:박문각, 2020.

한마음이다. 꽃을 주는 사람이나 꽃을 받는 사람 모두 사랑에 빠진다. 부부 또한 마찬가지이다.

 연애 때에 받는 사랑의 꽃이나 신혼 때에 받는 꽃, 그리고 노년에 받는 꽃이 꼭 같을 수는 없지만 뜻은 하나임에 틀림없다. 그러나 받는 감정은 노년에 들어서 더 깊고, 더 아름다울 것 같다. 은퇴부부의 꽃이라면 더 말할 나위가 없이 그 의미가 심오하다. 백발의 부부가 꽃을 교환하고 안아보자. 꽃의 진정한 가치를 알 수 있을 것이다. 꽃이여 사랑이여!

 꽃은 때론 권력의 부침(浮沈)과 세상사를 시사하기도 한다. 꽃의 떨어짐을 보면서 이를 담담히 받아들이고, 꽃이 지는 아름다움과 아쉬움, 삶의 덧없음에 비애를 느끼기도 한다. 권력도 명예도 낙화처럼 떨어져 사라질 때도 누구를 원망하지 않고 제 탓으로 돌리는 심경이다. 꽃은 낙화(落花)를 잘해야 명화(名花)다. 꽃이 진다고 해서 누굴 탓할 것인가? 나의 주군(보스)을, 나의 운명을, 나의 무능을…. 아니다, 핑계는 오히려 누추하다. 온전히 나의 탓인데.

 고려 때 몽암(夢菴) 이혼(李混)은 이렇게 시를 지었다.

  "꽃이 핀다고 너무 기뻐하지 말고(花開亦莫喜)
  꽃이 떨어져도 결코 슬퍼하지 말아라(花落亦莫悲)
  이 꽃이 이미 떨어졌지만(此花雖已落)

다시 피어날 때가 있으리라(還復有開時)"라고 했다.[16]

꽃이 피고 짐은 숭고한 자연의 이치, 누가 거스를 수 있나? 세상만사 희로애락에 초월한 듯한 느낌이다. 모든 일에 일희일비하지 말고 초연히 지내라는 교훈이다.

누군가는 돈을 꽃이라 했다. "돈의 가치는 그것을 소유한 사람이 어떤 사람이냐에 따라 결정된다. 내게 돈은 아름다운 꽃이다. 돈이 아름다운 꽃이 되기 위해서는 '바르게 벌어서 바르게 쓴다'는 두 가지 전제가 있어야 한다. 버는 것도 쓰는 것도 모두 반듯해야 하는 것이다".[17]

한 가지 목표를 위해 초지일관 열심히 노력하여 이룩하면 그것도 '꽃을 피웠다'고 말한다. 꽃은 성공인 것이다. 장원급제하면 꽃가마를 타고 금의환향한다. 꽃봉오리는 희망에 가득 차고 장래가 기대되는 젊은 세대를 비유적으로 이르는 말이기도 하다.

점점 메마르고 각박하게 되어가는 인간사에서 한 송이 꽃은 아름다움과 사랑, 희망과 성공을 나타내는 듯하다. 세파에 굴하지 않고 당당히 자신의 소신과 의지를 펴는 기개의 표현이기도 하다. 하지만 꽃은 어차피 지고, 또 핀다. 대자연이 그러하듯이 꽃의 생명도 피고 진다. 꽃이 그런 다양하고 깊은 의미가 있으니 별보다 달보다 더 높아 보인다.

평생 가족과 남편을 위해 고생해 온 아내에게 꽃 한 송이를 선사하

16　https://blog.naver.com/pyosw/222632949130
17　박현주, 《돈은 아름다운 꽃이다》, 김영사, 2007. 8, 62쪽.

면 마냥 좋아할 것 같다. 없는 돈에 무리하지 말고 적은 돈으로 꽃을 선물하면 어떨까. 투자에 비해 아마도 점수를 많이 딸 것 같다. 그야말로 꽃을 든 멋진 사나이이다.

몸에 병 없기를 바라지 말라

나는 어릴 때부터 몸이 강건한 편은 아니었다. 그렇다고 약골도 아니다. 비교적 건강하되 힘이 세거나 근육이 불긋불긋한 스트롱맨(Strong man)은 아니라는 이야기이다. 그래도 60세가 되기까지 병원 출입은 정기검진이 아니면 거의 하지 않았다. 그러나 요 몇 년 들어 병원행이 잦다. 가장 먼저 찾아온 반갑잖은 '손님'은 전립선이다.

오줌 세기(尿束)가 좀 약해지는가 싶더니 급기야 야간뇨가 잦아 밤에 3~4번 화장실 가기가 다반사였다. 한번 점검을 받아보고 완치를 하자고 다짐한 게 2019년 초. 의원을 찾아 진단을 받으니 혈액수치가 기준치 이상이니 일단 전립선암 조직검사를 받아보자고 했다.

얼마나 놀랐던지!! 기준치 이상이면 누구나 암 검사를 받는데 나는 그때 내가 마치 암에 걸렸지 않았나 하는 충격과 놀라움으로 엄청나게 긴장하고 공포를 느꼈다. 결과는 암은 아니었다. 그래서 약도 먹지 않고 스스로 치유한답시고 6개월여 지났는데 또 야간뇨가 잦아 병원을 찾으니 수치가 조금 올라가 있었다.

　다시 약을 먹으며 관리를 하면서 너무 과민하게 신경을 쓰다 보니 전립선과 조금이라도 관련이 있으면 민감하게 반응을 했다. 나름대로 공부를 한답시고 유튜브도 보고, 전립선 관련 책자를 한 권 사서 거의 독파를 했는데, 이것이 문제였다.
　조금만 증상이 있어도 책에 보았던 불길한 증상들이 떠오르고, 악화되지 않았나 하는 불안감으로 급히 병원을 찾게 되었다. 특히 전립선은 생식기관이어서 불안감이 더 했다. 정말로 "아는 게 병"이었다.
　반대로 "모르는 게 약"이라는 말이 도움이 될 때도 있다. 지금 돌이켜 보니 어쭙잖은 의학상식으로 까불거나 우왕좌왕하지 말고 일단 숙고하여 병원과 의사를 정하면 시키는 대로 긍정적으로 따르면 된다고 본다. 특히 긍정적인 생각은 매우 중요하다. 아무리 명의라 할지라도 환자 본인이 불안한 생각만 하고, 치유보다 먼저 걱정을 하면 백약이 무효이다. 사실 그 걱정 스타일이 내 스타일인 것을 숨길 수 없다.

　TV 드라마 〈대장금〉에서 장금은 임금을 향해 "질병의 치유는 전하의 마음, 긍정적인 생각에 달려 있다"고 했다. 《동의보감》의 허준도 마찬가지 논리였다. 환자가 의사를 믿고 편안한 마음가짐으로 '잘 낫겠지' 하는 긍정적인 생각으로 치료를 받으면 효과가 훨씬 크다는 것이다.

플라세보 효과(Placebo effect)라는 말이 있다. 의사가 실제 효과와 무관한 약이나 치료법을 시행했는데도 환자의 긍정적인 생각으로 병세가 호전되는 현상으로, 심리적인 효과를 말한단다. 머리가 아픈데 복통약을 먹어도 '낫겠지' 하는 긍정적인 생각을 하면 배 아픈 게 낫는다는 것이다. 병에 걸려도 마음을 느긋하게 먹고 치료를 믿으면 빨리 나아질 것 같다.

전립선의 불안감과 그동안의 직장생활에서 쌓였던 스트레스 등이 축적되어 증세로 나타난 게 5년 전이다. 새벽에 잠을 깨면 가슴이 두근거리는 증상이다. 마음이 넉넉하지 못하고, 걱정이 많고 부정적이고 심약하여 일어나는 심병(心病)이다. 이 증상으로 좀 고생하다 지금은 동네의원에서 치료를 받고 거의 나았다.

이외 대·소변도 시원스럽지 않고 혈당도 신경 쓰이고, 성 기능도 떨어지는 것 같고…. 하여 그때마다 병의원을 찾는다. 흔히들 말하는 '병의원 투어'이다. 주변의 말이나 권유, 강권에 못 이겨 이 병원 저 병원을 막 돌아다니는 것이다. 이런 현상을 두고 사회학 용어로 '메디컬리제이션(Medicalization)'이라 한다는데, 모든 증상을 치료 대상이라 생각하며, 환자로 살아가는 것이다. 나는 그 부류가 아니라고 생각했으나 어느덧 그 대상에 들어가 버렸다.

어른들이 "나이 들어봐라, 좋은 게 뭐 있는지" 하고 말씀하셨던 기억들이 새롭다. 정말로 아픈 것 말고는 별로 반길 것도 없는 형편이다. 생로병사(生老病死)라는 말이 딱 맞다. 인생은 태어나 늙고 병들어 죽는 것이다. 그런데도 마음을 비우지 못하고 욕심과 탐욕에 집착하고 있으니 철들려면 아직도 먼 것이 아닌가.

나름대로 위안을 삼는 말이 보왕삼매론(寶王三昧論)이다.

① 몸에 병 없기를 바라지 말라. 몸에 병이 없으면 탐욕이 생기기 쉽나니, 병고로써 마음의 양약을 삼으라.

② 세상살이에 곤란 없기를 바라지 말라. 곤란이 없으면 업신여기는 마음과 사치한 마음이 생기나니, 근심과 곤란으로써 세상을 살아가라.

③ 공부하는 데 장애 없기를 바라지 말라. 마음에 장애가 없으면 배움이 넘치게 되나니, 장애 속에서 해탈을 얻으라.

구구절절 맞는 말이다. 세상살이 아무 걱정 없이 사는 사람이 어디 있을까? "천석꾼은 천 가지 걱정, 만석꾼은 만 가지 걱정을 한다"고 하지 않는가. 또 다른 위안의 말씀. 이제 60대 후반의 나이, '오늘 죽을지 내일 죽을지도 잘 모르는데 죽을병이 아니라면 괜찮지 않으냐' 하는 생각이다. 그래 맞다! 왜 그걸 몰랐을꼬. 인생 고작 80세이고, 정말로 장수해야 100세이다. 설령 100세 시대라 할지라도 이를 다 채우고 천수하는 사람이 얼마나 될까?

조선 중종 때의 명기로 송도 3절에 들어갔던 황진이는 죽을 때 세 가지 유언을 남겼다고 한다. "내가 죽거든 곡(哭)을 하지 말고, 상여가 나갈 때는 곡 대신에 풍악을 잡혀서 영혼을 풍악으로 인도해 주고, 시체를 관(棺)에 넣지 말고 동문 밖 모래밭에 내버려 두어 까마

귀들이 썩어가는 살을 마음대로 뜯어 먹게 해달라"고 했다고 전해진다. 유언은 그대로 실행되었다.[18]

무려 500년 전에 한 사람의 기생이 이런 유언을 남겼다는 게 놀랄 만하다. 인생무상을 갈파한 말이지만, 어차피 썩어 문드러져 자연으로 돌아가는 인생으로 볼 때 육신(肉身)에 대한 애착보다 삶과 죽음에 초연해지려는 한 여인의 기개가 서려 있다.

정비석의 책자에서 황진이를 다시 보니 건강에 대한 염려와 조바심보다 초연한 생각이 들어 마음이 편안해진다. 인생 별것 있겠는가. 인명재천(人命在天)이라 했거늘 "사람의 목숨은 하늘에 있고, 사람이 살고 죽는 것이나 오래 살고 못 살고 하는 것이 다 하늘에 달려 있다"고 했다. 부인의 간을 이식받아 살아난 남편은 인명재처(人命在妻)라고 하는 우스개도 있단다. 대저 인명이란 내 마음대로 되지 않고 하늘과 팔자에 맡길 뿐, 인력으로 어찌할 수 없는 것이다.

설령 내가 지금 세상을 하직한다 해도 크게 서운해할 사람은 많지 않을 것 같다. 나 혼자 죽어 구천을 떠돌면서 서운해하며 생에 대한 집착을 갖겠지만 주변에서는 그렇게 느끼지는 못할 것 같다. 가족들도 크게 다를 바 없다. "조금 빨리 가셨다"고 말하면서 아쉬워하겠지만 그로써 그만 아니겠는가? 시간이 지나면 기억 속에서 잊혀지고, 산 사람은 살고, 간 사람은 멀어지고 만다. 나만 그러한 게 아니고 세

---

18 정비석,《미인별곡》, 고려원, 1991. 5, 242~243쪽.

상 사람들이 다 그러할 것이다.

내가 경험해 보건대 우선적으로 건강은 자신의 마음가짐, 이른바 일체유심조(一切唯心造: 모든 것은 오로지 마음이 지어낸다)에 달려 있다고 생각한다. 병고보다 앞서 마음이 불안하면 없던 병도 생긴다. 암에 걸리지 않았는데 수치만 보고 뒤로 자빠지는 게 한국사람들이라 한다.

그리고 음식과 운동, 긍정적인 생각이다. 육식보다 채식 위주로 가볍게 먹고 매일 적절한 운동을 하는 것이다. 특히 오늘 편안하고 밝게 긍정적으로 지내며, 즐겁고 유쾌하게 지내면 건강에 많은 도움이 될 것으로 본다.

'선거의 감'을 따려면
감나무라도 흔들어야

2022년은 선거의 해였다. 3월 9일에는 20대 대통령선거가 있었고, 6월 1일에는 제8회 전국동시지방선거가 있었다. 대통령과 전국의 지방의회의원 및 지방자치단체의 장과 교육감을 뽑았다. 돌아보니 큰 선거들을 앞두고 정치 이야기를 많이 했던 것 같다. 뜨는 별과 지는 별들이 유난히 많았던 해가 아니었나 싶다. 정치만큼 생물적이고 급변하는 게 어디 있으랴?

특기할 사실은 선거에 나섰던 출마자들 대부분의 나이가 나보다 어렸던 것이다. 세월이 언제 그렇게 흘렀는지 실감이 나지 않지만 현실이 그러했다. 나도 한때는 시의원 출마를 생각했었다. 현직에서 은퇴한 후 내가 살고 있는 동네의 일을 하면서 소박하게 살아가면 어떨까 생각을 한 것이다. 그러나 바로 접고 말았다.

이유는 공천 때문이다. 주요 정당의 공천을 받기가 만만찮고, 그 공천을 받으려면 해당 지역구 국회의원의 눈에 들어야 한다. 그런데 국회의원의 눈에 들기가 쉽지 않다. 공천을 안 받으면 무소속으로 출마하면 된다. 그러나 당선 가능성이 공천자에 비해 크게 떨어진다.

결국 특별한 경우가 아니라면 공천을 받아야만 당선이 유리한데, 공천을 받기 힘들고, 공천을 받으려면 국회의원과의 관계가 좋아야 한다. 현역 국회의원이 없는 지역은 다소 낫기도 하지만 공천은 여전히 정치력이 동원되어야 한다. 때문에 나 혼자 생각을 했다가 나 혼자 접고 말았다. 결국 노력도 시도도 해보지 않고 초장에 무너지고 만 것이다. 기초의원 출마도 쉽지 않은 것이다.

나는 시군구 의원은 공천에서 배제되어야 한다고 생각한다. 적어도 시군구 기초의원만큼은 동네를 위해 자발적으로 일을 하고, 자신의 재능을 봉사토록 하여, 공천 없이 자유롭게 출마를 하도록 룰을 바꿨으면 좋겠다. 공천의 문턱을 배제하면 수많은 인재들이 나와 지역을 위해 봉사할 것이다. 정치가 생활 곁으로 보다 가까이 다가올 것이다.

그렇게 되면 혼자 나와, 혼자 선거운동하고, 혼자 걷고, 혼자 자전거 타고 선거운동하면서 지지를 호소하는 그야말로 지방자치의 한 모습을 볼 수 있을 것 같다. 선진국에서는 정착된 풍경이기도 하다. 돈도 크게 들지 않는다. 우리도 그런 광경을 보기를 희망한다. 유권자의 한 사람으로서 의견이다.

경우야 어찌 되었든 나는 선거에 출마하는 사람들을 비교적 좋게 보는 쪽이다. 용기와 배포가 있어야 하고, 상대의 마음을 얻어야만 당선되기 때문이다. 그런데 마음을 얻는다는 게 정말로 쉽지 않다. 내가 마음을 주지 않고서는 기대할 수 없다. '마음을 주고받는 일', 정말로 어렵다. 이 어려운 과목을 많이 공부하고 단련해야만 당선이 되는 것이다. 해서 나는 동네 이장, 통장이라도 표로 선출된다면 당연히 평가를 하고 존중한다. 그만큼 선출직은 힘들다는 반증이기도 하다.

어느 날 갑자기 한 사람이 나타나 "나에게 표를 달라, 나를 찍어 달라"고 외치면 다소 생경해 보일 것이다. 이러한 광경을 보는 주민들은 "저 사람이 과연 표를 달라고 할 만큼 지역을 위해 무엇을 했나?", "그만한 자질이 되는가?" 하고 의문에 찬 시선을 던질지도 모른다.

그런데도 연신 허리를 굽히며 표를 달라고 외치는 당사자의 마음은 어떻겠는가? 이런 측면에서 출마자는 정녕 강심장으로 용기와 배포, 인내를 겸비해야 한다. 아니면 얼굴이 두껍든지 해야 한다. 스펙이 화려한 사람이라면 그 스펙을 믿고 나오기도 할 것이다.

그러니 당선이 되려면 일단 '칼'을 뽑고 봐야 한다. '칼'을 뽑지도 않고 "후보자들이 좋네, 싫네" 불평만 한다면 좀 앞뒤가 맞지 않는다. 후보자들이 마음에 들지 않는다면 자신이 나오면 되는 것인데, 그러지는 잘 못한다. 감을 따려면 감나무라도 흔들어야 한다. 감나무 밑에서 감이 떨어지기만을 기다려서는 안 된다.

때문에 선거는 '칼'을 뽑는 용기와 배포가 없이는 곤란하다. 아무리 자질이 뛰어나고 스펙이 좋다 하더라도 선거판에 뛰어들지 않으면 당선이 될 수 없다. 결국 선거는 '칼'을 뽑는 용기가 제1순위 조건이다. 이 조건이 '마음을 얻는 일'보다 우선된다. '칼'을 뽑고 나서 마음을 얻어야 한다. 용기와 배포에 마음까지 얻게 되면 당선은 따놓은 당상이 아니겠는가?

굳이 말한다면 선거는 일단 도전하고 저지르고 볼 일이다. 앉아서 기다리면 몫이 없다. 체면 불구하고 "나를 밀어주세요" 하고 '칼'을 뽑을 때 일의 성패가 갈린다. 나는 자신의 능력과 자질은 차치하고서라도 이처럼 일단 출마를 하는 용기와 배짱을 높게 평가한다.

이유를 들자면 내가 그렇지 못하기 때문이다. 내가 못하는 것을 다른 사람이 시원스럽게 해주면 나는 그 사람의 팬이 된다. 그리고 남자라면 한 번쯤 출사표를 던져보는 것도 괜찮아 보인다. 그래서 비록 '깜'이 안되는 사람이라 할지라도 너그럽게 봐주는 쪽이다.

또한 선거는 미리 당락을 예정할 수 없다. "정치는 생물"이라 할 만큼 변화무쌍, 예측을 불허한다. 그러니 마음이 당길 때 한번 당겨보는 것도 남자의 매력이다. 이런 점을 나는 좋게 본다는 의미이다. 그렇다고 계란으로 바위 치기를 하라는 말은 아니다. 혼자의 잘못된 결정으로 집안이 패가망신하면 곤란하지 않겠는가?

나는 지금까지 선출직 근처에도 가보지 못했다. 조금 맛이라도 본게 신문사 편집국장 선출 때이다. 1990년대 들어 많은 언론사의 편집국장은 회사 측의 일방적 임명에서 벗어나, 회사 측이 지명한 후보자 1명을 대상으로 전체 기자들이 찬·반 투표를 하여, 찬성이 과반을 득했을 때 정식으로 임명이 되는 방식으로 바뀌었다. 말하자면 간접투표를 통한 선출인데, 그 과반의 득표를 하는데에도 많이 신경 쓰이고 긴장되었다.

이 또한 전체 기자들의 마음을 얻는 일이다. 평소 선후배로 잘 지내도 선거일이 다가오면 서서히 긴장되고 표 계산을 하게 된다. 비록 일반 선거처럼 용기와 배포는 좀 덜해도 편집국장 교체 시기가 다가오면 그때부터 '선거의 시즌'으로 들어가게 되는 것이다. 때로는 이 관문을 통과하지 못하는 경우도 생겨 후보자로 지명된 당사자나 후보자를 지명한 회사가 함께 난감해하기도 한다. 간접선거도 이럴진대 유권자를 직접 대상으로 하는 직선투표는 그 어려움이 엄청나다.

선거 출마를 희망하는 사람은 스스로 자신감이 없이는 곤란하다. 당당한 자신감과 심지어 '내가 안 되면 누가 되랴?' 하는 자만심도 가질 필요가 있다. 허세도 때로는 필요하다. 남이 뭐라고 하든, 태풍이 불어도 흔들리지 않을 배짱을 가져야 한다. 그래야만 자신 있게 출마할 수 있고 또한 당선이 된다. 후보 때부터 눈치 보기로 일관한다면 설령 당선되어도 크게 기대를 할 수 없다. 그렇게 된다면 자신의 신념과 소신으로 일을 하기 어렵다. '나대로', '나의 생각대로' 일의 추진이 안 되는 것이다.

선거의 계절에 "나를 찍어주세요"라고 외치며 출마를 하는 후보군을 많이 봐왔다. 이를 지역과 국가를 위해 봉사하고 도움을 주겠다는 사람이 많아졌다는 증좌로 봐도 될까? 반드시 그렇지는 않겠지만 후보자가 많으면 그만큼 인재도 많아질 것이라는 선상에서 본다면 무의미한 현상도 아닐 것 같다. 재론하지만 남자로서 '선거의 주인공'으로 한번 뛰어보는 것도 해볼 만한 도전이다. 하여 선거는 출마가 우선이고, 당락은 그 후의 일이다. '칼'을 빼는 용기와 배포가 중요하다고 하겠다.

청춘을 바친 30년 직장,
종종 꿈에서 만난다

　　신문사를 떠난 지 10년이 훨씬 지난 지금에도 나는 종종 신문사 근무 시절의 꿈을 꾸곤 한다. 눈을 뜨면 다 사라져 버리는 '개꿈'이지만, 꿈을 꾸고 나면 어느덧 그때 그 시절로 돌아간 느낌을 받는다. 꿈을 꾸는 시기도 들쭉날쭉이다.

　　그 옛날 취재기자 시절도 꿈꾸고 편집국장이나 임원 때의 일도 간헐적으로 꾸게 된다. 지금의 나의 생활과도 연계되는 꿈도 있다. 확실히 '개꿈'이다. 그러나 잠을 깨면 다 까먹어 버리고 머릿속은 하얗게 된다. 그래도 잔상(殘像)이 남아 사라진 꿈이 아쉽기도 하다. 때론 다시 돌아가고픈 욕망도 생기고, "어 내가 또 신문사 꿈을 꾸었네" 하면서 허망하게 웃는다.

　　신문사 퇴직 후 다른 직장에서 상당 기간 근무했는데 그때의 일은 꿈이 잘 꿔지지 않는다. 왜 신문사 꿈을 꾸게 되는 것일까? 아마도 그곳에서 가장 많은 세월을 보냈기 때문이 아니었나 생각한다.

30년 가까이 머물렀으니 나의 청춘과 꿈과 인생이 고스란히 그곳에 녹아 있지 않겠는가? 박봉의 직장이지만 희망을 갖고 열심히 근무했던 것 때문이리라. 열심히 뛰어 만든 기사로 여론과 사회를 이끈다는 자긍심과 보람 또한 만만찮았다.

꿈은 늘 자기가 생각하던 것을 꾸는 것이라고 한다. 그러니 내가 늘 신문사를 생각(?)하는가 보다. 지나온 시간들이 먼 옛날 아름다운 추억으로 간직되고 있는 듯하다. 아스라한 기억 속에 '아 경남신문사라는 곳에서 내가 일했었지, 재미있는 일 많았는데…'

어느 겨울, 시내 중심가 재래시장에 새벽에 큰불이 났다. 소방서로부터 긴급 연락을 받고 나가 사망자의 신원을 확인하고는 불탄 상가의 집에 들어가 가족 앨범을 훔쳐(?) 신문사로 달렸다. 당일 신문에 얼굴 사진이 나갔으나 사자(死者)에게는 매우 미안한 생각이 들었다. 시신 부검 장면을 처음 보고 속으로 엄청 놀랐으나 티를 내지 않으려고 억지로 태연한 표정을 짓기도 했다.

국회 출입기자 시절엔 나이 40세에 하숙을 하며 객지생활을 하였다. 그때 하숙방에서 새벽에 일어나 기사를 작성하여 전화선으로 송고하였다. 지금처럼 메일이 없어 송고 때문에 단칸 하숙방에 전화를 설치했었다. 그 번호가 712-1178번, 아직도 생생하다.

1990년대 중반 우리들은 비행기 한 대를 통째로 빌려 제주도 한라산 여행을 갔었다. 비행기를 빌려서 빌린 게 아니고 30여 명이 되는 많은 인원이 공항에 늦게 도착하다 보니 자연히 비행기 이륙이 늦어져 마치 전세 낸 것처럼 비쳤던 것이다.

그땐 휴대폰도 없었고 신문사 업무로 늦게 출발하다 보니 도착이 늦어진 것인데 달리 도중에 연락할 방도가 없었다. 탑승객인 우리들이나 비행기도 별 대책 없이 애만 태웠다. 한라산은 오르기 힘들었지만 백록담에 다다르니 경치가 장관이었다. 아름다운 풍경을 보고 환호성을 질렀다. 내려올 때는 먹을 게 부족해 내가 지나는 다른 여행객들로부터 빵과 음식 등 먹을 것을 '구걸'하여 여기자들의 허기를 채워주었던 기억도 생생하다. 다시 되돌리고 싶은 추억들이다.

가만히 생각하니 지나온 30년 세월이 아스라이 지나간다. 아마도 이런 회상은 한 직장에 오래 근무하다 퇴직한 사람이라면 누구나 하지 않을까 생각한다. 그래서 평생 근무한 직장을 떠나면 옛일이 오버랩되어 간혹 꿈으로 나타나는 건 인지상정이 아닐는지.

사실 나는 기자 시절 이런 모습을 상상하며 좋아했다. 어느 겨울날 햇볕이 한껏 들어오는 따뜻한 양지쪽에 앉은 누군가가 신문을 보는 모습이 좋았다. 그 신문이 《경남신문》이라면 더욱 좋았다. 그런데 그 사람이 읽는 기사가 내가 쓴 기사라면 더더욱 좋았다.

계절이 여름이라면 바람이 선선하게 부는 가로수 변 시원한 벤치가 될 것이다. 언제 어느 곳이든, 시간과 장소를 불문하고 신문을 보는 독자의 모습이 좋다는 말이다. 이 세상 신문기자라는 직함을 가진 사람이라면 한 번쯤 이런 생각에 젖었을지도 모르고, 이런 나의 생각에 동조할 것으로 보인다.

그런 상상의 그림을 그리며 특종에 부풀기도 했다. 멋진 기사 작성의 주인공이 나라는 사실에 스스로 감동을 받으면서 가슴이 두근거리기도 했다. 실제로는 기자 생활 30여 년 동안 경천동지할 특종기사는 한 번도 못 써봤으면서도.

베스트셀러라 하면 신문을 따라갈 어떤 책도 없다. 인터넷까지 감안해도 신문을 못 이겨낼 것이다. 어느 책이 하루 만에 몇만 부, 몇십만 부, 몇백만 부를 찍어내고 수만, 수십만, 수백만 독자들에게 읽힐 수 있겠는가?

아무리 방송 매체가 발달하고, 인터넷이 세상을 지배한다고 해도 신문에 대적할 어떤 베스트셀러를 찾을 수 없다. 물론 신문과 인터넷과의 단순 수치 비교를 하는 것은 무리이지만, 신문은 인쇄 문명의 근본이고, 영원한 지식의 보고인 책과 거의 동일시 되기 때문에 베스트셀러로서 가치가 강하게 인정되는 것으로 생각한다.

우리가 아날로그 세대라서 그런지 아무리 인터넷으로 뉴스를 미리 검색을 하여 알고 있어도, 종이 신문 지면을 통해 뉴스를 접하지 않으면 영 개운하지가 않다. 신문을 확 펼쳐 들고 봐야만 시원하고 내용이 머리에 확 들어온다.

그것도 쪼그려 앉아 신문 양면의 전면을 다 깔아놓고 보면 한눈에 2개 지면의 기사와 광고까지 한눈에 들어와 가독성이 훨씬 높아진다. 인터넷에 익숙한 젊은 세대와 비교하면 말이 잘 안 되는 논리이지만 그렇게 습관 들어왔기 때문에 어쩔 수 없는 현상이다.

나는 지금도 사회적으로 큰 이슈가 터져 나올 땐 혼자서 신문편집 지면 구성을 해본다. '아, 이건 1면용이다. 제목은 이렇게 뽑고' 하면서 머릿속에 그려보고는, 다음 날 아침 배달되는 신문과 비교를 해본다. 종종 맞을 때가 있고 틀릴 때도 있다. 신문사에서 평생 밥을 먹으며 몸에 밴 습관이 거의 생리적으로 남아 있는 것이다.

후배들이 나의 이런 이야기를 들으면 "병적이다"라고 말할지 모른다. 허나 나는 그렇게 생각하지 않는다. 신문사에 있을 때도 기사에 몰두했고, 퇴근해서도 기사를 털지 못하고 가지고 다녔다. "퇴근할 땐 직장 일은 서랍 속에 넣어두라"는 말이 있지만 나는 그런 스타일이 되지 못했다.

꼼꼼하고 세밀하고 일을 끝까지 챙기고 확인하고, 때론 천착(穿鑿: 어떤 원인이나 내용 등을 따지고 파고들어 알려고 하거나 연구함)한다는 소리도 들었다. 어느 편집국장은 편집국장실에 간이침대를 갖다 놓고 좋은 기사 나올 때까지 퇴근을 안 한다는 이야기도 전설처럼 내려오고 있다.

나는 그 정도는 아니었지만 일에 대한 집념과 몰입은 결코 뒤지지 않을 것이다. 그래서 나는 후배 기자들에게 별 인기가 없는 선배였다. 좀 허술하고, 술, 밥 간에 자주 만나 편하게 소통해야 하는데 그걸 잘못했으니 말이다.

내가 생각하는 신문기자의 기본요건을 들라면 의지와 체력, 문장력 등 세 가지이다. 첫 번째 의지는 기자 본인의 철학과 소신, 프로정신이다. 취재와 경제난 등 여러 어려운 여건을 잘 견뎌내면서 왕성한 취재활동을 통해 양질의 기사를 생산하는 능력이다. 정직과 신뢰, 인품, 그리고 불의와 타협하지 않는 용기와 역사를 보는 사관(史觀)을 겸비하면 좋다.

두 번째로 체력이다. 아무리 능력이 뛰어나도 체력이 받쳐주지 않으면 허사다. 1주일 밤샘을 해도 끄떡없는 체력과 근성이 필요하다. 튼튼한 체력에서 건강한 기사가 나온다. 체력에는 주력(酒力)도 포함돼 한잔 술을 할 줄 아는 낭만도 필요하다. 소주 됫병을 통째로 마셨다거나, 구두에 술을 부어 마셨다는 등의 주당 선배들의 음주 무용담이 전설처럼 내려오는 곳이 신문사 편집국이기도 하다.

세 번째는 문장력이다. 기자는 글을 잘 써야 한다. 그것도 빨리, 알기 쉽게, 간단 문장으로 잘 써야 한다. 너무 길거나 상대가 알아보기 어렵게 글을 써서는 안 된다. 글도 꾸준히 연습하면 늘지만 이왕에 태생적으로 좀 잘 쓰는 사람이 낫다고 본다. 종종 기사를 해독하기 어려운 암호문처럼 쓰는 기자가 있곤 하는데, 그럴 때 나는 "집에 기사를 가지고 가서 부인께 보여주고 이해가 잘되도록 쉽게 고쳐오라"고 말을 한다.

나는 졸병 기자 시절 "기사란 기자에 의해 만들어진다"고 들었다. 요즘과 같은 SNS 세상, '전 국민이 기자' 시대에서는 잘 맞지 않는 말이지만, 인터넷이 태동하지 않은 과거에는 적절한 정의였을 것이다. 어떤 사건을 두고 기자가 글을 쓰면 기사이고, 지나치면 아무 일 없이 기사화되지 않고 그냥 지나간다는 말이다.

그렇다. SNS가 아무리 대세라도 기사는 기자가 써야 한다. 그래야만 기자 본연의 의무 중의 하나인 환경감시의 기능을 다할 수 있다. 어차피 기자는 권력과는 대치될 수밖에 없는 숙명을 갖고 있다. 언론을 좋아하는 권력은 없다. 기자가 피곤하고 힘들면 독자는 편안하고, 사회는 밝아진다.

그런 과정에서 나는 기자의 역할을 다했느냐 하고 스스로 물어본다. 그 기자의 현장에서 떠난 지 10년이 넘어도 나는 아직도 기자 같고, 때론 취재현장에 있다는 착각에 빠지기도 한다. 그래서 종종 꿈을 꾸는 모양이다.

세상에 가족과 건강만큼 소중한 것은 없습니다.
나이가 들면 돈도 명예도 다 부질없고, 오직 건강과 가족입니다.
여행도 다리가 떨리기 전에 하세요.
전혀 다른 세상이 기다리고 있습니다. 인생을 즐기세요.
스트레스 제로의 삶을 가꾸세요.

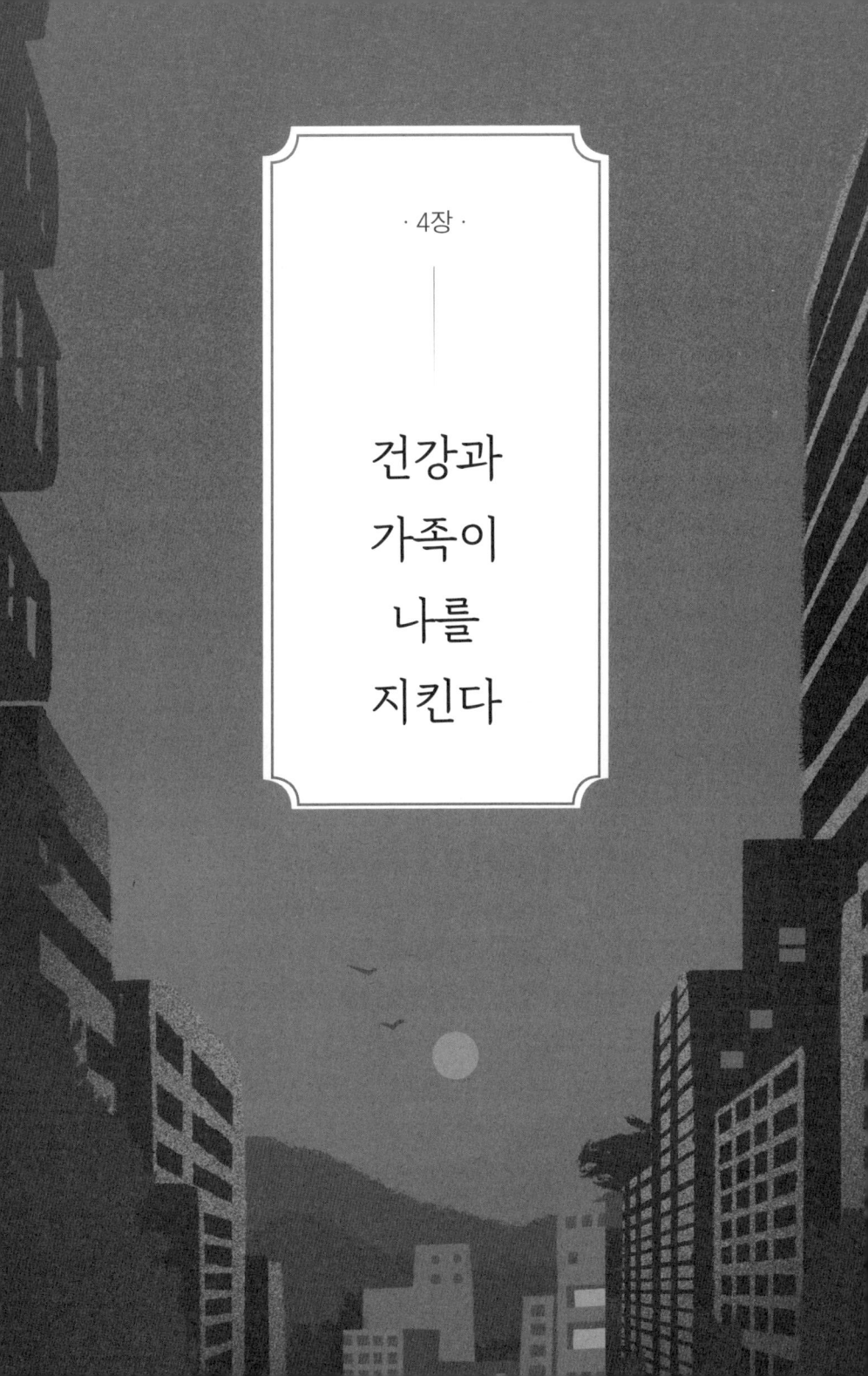

치매 예방(?) 때문에
독서를 본격 시작하다

    독서의 중요성은 새삼 강조할 필요가 없다. 책은 지식의 보고이자, 마음의 양식처이다. 두뇌를 활성화시키고 책을 통해 세상만사를 경험할 수 있다. 유익한 정보를 얻을 수 있으며 상상력을 키우는 지름길이기도 하다.

    독서를 얼마나 하느냐 여부에 따라 그 사람의 인생이 달라진다. "책 속에 길이 있다"고 해도 과언이 아니다. 우리는 태어날 때부터 책과 접했고 죽어 돌아갈 때까지 책을 끼고 살아간다. 특히 개인적 시간이 많아진 지금에서는 책과 벗하는 것이 가장 좋을 것이다. 충분한 시간 속에서 혼자 책을 읽으면 새로운 지식이 충만해지면서 영감이 떠오르고 마음의 안정을 찾는다.

    옛말에 "남아수독오거서(男兒須讀五車書)"라 했다. '남자라면 모름지기 다섯 수레 분량의 책을 읽어야 한다'는 말이다. 독서의 중요성을 보다 현실적으로 강조한 성현의 말이다. 또한 "독서백편의자현(讀書百遍義自見)"이라 하여 '책이나 글을 백 번 읽으면 절로 그 뜻이 이해된다'고 했다. 읽고 또 읽으라 하는 채찍과 격려이다.

"머리가 나쁘기로 유명했던 김득신(金得臣, 1604~1684)은 사기(史記)의 백이열전(伯夷列傳)을 1억1천1백만번이나 외워, 그 호를 억만재(億萬齋)라고 했다. 옛날에 1억은 10만을 나타내는 숫자다. 그는 말을 타고 가면서도 글을 외웠다. 그렇게 많이 외운 '백이열전'을 중간에 깜빡 잊어버렸다. 그러자 곁에서 고삐를 잡고 있던 하인이 막힌 부분을 외워주었다. 하도 많이 들어 뜻도 모르고 외운 것이다. 머쓱해진 김득신은 '네가 나보다 똑똑하니 내 대신 말을 타고 가라'며, 종을 태우고 자신이 고삐를 잡고 갔다"[19]

우리의 뇌는 책 1만 권의 분량에 해당하는 많은 정보를 받아 저장할 수 있는 능력을 갖고 있다고 한다. 웬만한 도서관 몇 곳을 통째로 집어삼킬 수도 있는 용량이다. 그러니 책은 읽고 또 읽어도 건강에 아무런 지장이 없는 지식과 정신적 가치의 보고이다.

그런데 문제는 책과 자꾸 멀어진다는 데 있다. 그냥 장시간을 TV, 유튜브나 스마트폰에 매달린다. 똑같은 문헌이라도 책이 아닌 인터

---

[19] 정민, 《책읽는 소리》, 마음산책, 2002, 16쪽.

넷과 스마트폰에 의존하려 한다. 또한 눈이 나빠져 책보기가 쉽지는 않은 것도 한 원인이다.

나와 동시대를 살고 있는 많은 사람들도 비슷한 증세에 빠져 있을 것이다. 공교롭게도 내가 다시 책을 읽기 시작한 것은 꼭 책의 중요성, 독서의 당연성 때문만은 아니다. 어느 날 신문에 "독서와 외국어 공부가 치매를 예방한다"는 기사를 보고 난 이후부터이다. 그 전에도 책을 안 본 것은 아니지만 지금처럼 일로 삼아 읽지는 않았다.

치매는 '아차' 하면 걸려 나 자신은 물론 가족과 주변에 고통을 주는 불치병이다. 어느 누구도 치매에 자유롭다고 장담할 수 없다. 하여 조심을 하고 유의하지만 인간이라면 걱정을 피할 수 없다. 젊은 세대도 예외는 아니다.

그런 무서운 질병을 독서가 예방할 수 있다 하니 읽지 않을 이유가 없다. 독서가 두뇌를 활성화 시켜 치매를 예방한다는 논리이다. 일석삼조가 따로 없다. 집 서재에 꽂힌 책만 해도 천 권이 넘는데 그것을 다시 읽어도 새로운 지식의 보고가 될 수 있으리라. 정말로 책을 다시 꺼내 보니 새 책을 보는 것 같은 느낌이었다.

회사 다닐 때부터 쭉 그래왔지만 나는 책을 읽으면서 좋은 문구나 용어가 나오면 노트에 다시 옮겨 필요할 때 쓰는 습관이 있다. 이 습관도 부활되고, 그래서 조그만 수첩 한 권에 적고 있다. 또한 아침마다 날아오는 SNS의 좋은 글도 발췌하여 저장하고 있다. 그러나 SNS의 글이 아무리 좋다 해도 책에 비해 이상하게도 신뢰도가 떨어지는 듯한 느낌을 지울 수 없다. 분명 좋은 글들인데 받아쓰기는 좀 찜찜

하고 책보다는 못하다는 느낌이다.

 책 읽기가 만만찮다면 신문을 정독하는 것도 좋을 것 같다. 신문도 나름 제목과 눈길 가는 기사만 읽고 지나치는 경우가 많기 때문이다. 사실 요즘 신문을 보면 주요 지면의 많은 부문이 정치기사로 채워진다. 정치기사라고 해봤자 정쟁(政爭)기사가 대부분이어서 정신건강에도 별 도움이 안 되고 구태적이고 식상한 면이 적지 않다. 그래도 읽으려고 노력은 하는 편이다.
 이런 관계로 일반기사보다는 칼럼이나 사설, 유익한 정보 등을 세심하게 본다. 어차피 신문도 독서의 일환, 신문을 가까이하는 편이 여러모로 좋을 것 같다. 독서가 치매 예방이 된다면 신문 역시도 마찬가지 효과가 나타나지 않겠는가.

 글도 매일 쓰고 있다. 왜냐하면 몇 년 전 펴낸 나의 회고록에 이어 죽기 전에 한 권만 더 책을 써보자는 나와의 약속을 지키기 위함이다. 퇴직 후 지금의 생활을 있는 그대로 써보고 싶은 욕심이다. 글쓰기도 치매 예방에 도움을 줄 것이다. 지금 내가 죽기 전에 해야 할 일이라는 버킷리스트(Bucket list)를 작성한다면 첫 번째로 "내 이름으로 책을 출간하여 베스트셀러 작가 반열에 들어가는 것"이라고 말하고 싶다. 그러한 꿈을 내 나름대로 갖고 있다. 성사 여부는 미지수이지만.
 책 읽기와 글쓰기가 동 시간대에 이뤄져 지금은 매일 읽고 쓰기를 반복하고 있다. 하루의 중요 일과로 잡아 실행에 옮기고 있다. 상황이 이러하니 늘 책 쓰기의 소재 찾기에 골몰하게 되고, 일거리가 생겨 버렸다. 신문도 꼼꼼히 보게 되고, TV도 무슨 좋은 말이라도 나올까 필기도구를 곁에 둔 채 시청을 하고 있다.

요즘 신문을 꼼꼼히 읽게 되면 신용어 및 시사용어가 너무 많아 놀라기도 한다. 주로 영어 합성어들인데 매번 인터넷에 찾아보거나 아들에게 물어보지 않으면 해석이 잘 안 된다.

"버퍼링이 걸린다"는 기사를 보았을 때 무슨 말인지 잘 이해가 가지 않았다. 버퍼링(Buffering)의 사전적 의미는 '두 개의 매체 사이에서 충돌을 완화하는 장치, 완충 완화'의 개념이었다. 그러나 그런 의미로는 문장 연결이 되지 않았다. 결국 멀리 있는 아들에게 물어보니 "순간 생각이 멈춘다, 말문이 막힌다" 정도로 해석하면 된다고 했다.

이외 다꾸(다이어리 꾸미기), 브이로그(일상을 담은 영상) 등 신용어들이 너무 많아 인터넷 사전을 찾아 이해하고 적어놓지 않으면 까막눈이 될 판이다. 또한 시사용어도 눈여겨 공부하고 열심히 메모하지 않으면 무슨 의미인지 도통 알 수가 없다. 메타버스(3차원의 가상세계), Cut and run(황급히 도망치기), MZ세대(1980년~2000년대 초 출생자), 코스프레(만화나 게임의 주인공을 모방하는 취미 문화), 뱅크런(Bank run, 대규모 예금 인출) 등 명색이 평생 동안 언론계 밥을 먹은 사람이 신문에 나오는 용어들을 이해 못 한다니 말이 안 되는데, 엄연한 현실인데 어떡하랴.

외신이 궁금하여 CNN, BBC 채널을 한 번씩 보는 것도 괜찮다. 기자의 영어 리포트는 알아들을 수 없고, 밑의 영문 자막도 해석을 잘 못해 아예 인터넷 사전을 펴놓고 모르면 즉시에 확인해서 노트에 메모를 하는 상황이다. 그러면 무슨 말인지 영상과 함께 보면서 대충 짐작은 할 수 있다.

이런 유의 노력도 간접적인 독서에 들어갈 것 같다. 반드시 책을 읽는 것만이 아니고, 매체를 보고 들으며, 사전이나 다른 방법을 통해 이해 확인하는 과정이어서 그렇다. 독서와 비슷한 두뇌 활성화 효과를 낼 것 같다.

두뇌 활성화의 가장 좋은 방법은 책을 읽고 글을 쓰는 것이고, 그것이 여의치 않을 경우에는 신문보기, 영어사전 펴놓고 외국 TV 방송 듣기도 괜찮은 방법이라고 생각한다. 사실 치매 예방의 또 다른 효과적 방법으로는 외국어 공부이기도 하단다.

독서를 하게 된 이유가 치매 예방 때문이라면 웃을 일이다. 독서의 신이 있다면 "이놈 보게, 아예 한 권의 책도 못 읽게 해야지" 하고 꾸짖을 일이다. 하지만 원인이 어디에 있든 책을 읽고 글을 쓰는 것은 권장할 만한 일이고 지속적으로 실행해야 한다. 심심하다고 할 일이 없다고 불평하지 말고 손에 책을 잡아보는 것이 어떨까. 정신과 육체가 모두 건강해지고 맑아질 것 같다.

매일 걷는 게 만병통치약이더라

　매일 아침 7시께 동네 아파트 내 체육공원에서 걷기를 시작하여 1시간 정도 걷다가 온다. 저녁에도 아침과 비슷하게 걷는다. 계절에 따라 시간대는 좀 달라진다. 한 바퀴 365m이니 5바퀴이면 1.8km, 10바퀴이면 3.6km 정도이다. 처음에는 5바퀴였으나 꾸준히 한 결과 10바퀴 정도로 늘어났다. 거의 매일 만 보(萬步) 이상은 걷는 셈이다.

　벌써 3년 정도 되었으니 제법 이력이 날만도 하다. 이제는 아침 눈을 뜨면 안 나가고는 못 배긴다. 비록 몸 사정이 안 좋아도 일단 나갔다 와야 소화도 되고 화장실도 가게 된다. 저녁때도 마찬가지, 식사를 마치면 곧 나가는 게 일상의 순서로 되어 있다. 겨울이 되면 아침 걷기는 생략한다.

걷기가 나의 건강을 지켜주는 듯한 느낌이 든다. 전립선도, 혈압도, 체중도, 기타 여러 증세도 모두 치유되는 듯한 느낌이다. 헬스나 다른 운동도 있지만 걷기만큼은 안되는 듯하다. 매일 걷기를 하니 다리통도 제법 근육이 붙어 단단해졌다. 운동뿐 아니라 혼자서 생각도 할 수 있어 나 혼자만의 사고(思考) 시간도 되고 있다. 그냥 쉬엄쉬엄 걷는다. 언제까지 걸을지 단정은 못 해도 다리의 기능이 다할 때까지 하지 않겠느냐 하는 생각이다.

각종 의료·체육기관의 조언을 들어보면 걷기는 가장 편하게 할 수 있는 유산소 운동으로 산소를 충분히 공급하여 심폐기능을 향상시켜 주고, 고혈압, 고지혈증, 체중 조절 등 거의 신체 모든 부문에 도움을 줄 수 있는 안전한 운동이라고 한다. 걷기만 해도 병의 90%를 낫게 할 수 있다는 말도 있다.

1주일에 3~4회, 매회 30분~1시간 정도 하는 것이 좋다고 한다. 운동 전에 준비운동에 유의하고 무리하여 사고만 나지 않는다면 평생 운동이다. 아무 곳에서나 할 수 있고, 돈도 들지 않아 경제적 문제도 없다. 걷는데 무슨 돈이 들겠는가?

비가 오면 우산을 쓰고 걷는다. 우산을 쓰고 걷는 것은 일상의 일이 되어 있다. 걷기 불참의 타당한 사유가 안 된다. 정 날이 궂을 때는 집 안에서 걷기를 반복한다. 그리라도 해야만 몸의 컨디션이 좀 돌아온다. 그리고 복잡하거나 어려운 일이 있을 때 조용히 걸으면 어느덧 마음이 맑아지고 편해져 답을 찾을 수 있다. 한마디로 걷기는 만병통치약이라고도 말할 수 있다.

여기에다 동네 공원에는 다양한 운동기구까지 설치되어 있어, 걷기 외 여타 근력운동도 넉넉히 할 수 있다. 자전거 타기, 어깨 돌리기, 평행봉, 윗몸 일으키기, 철봉 등 다양한 기구들이다. 우리나라 어디를 가더라도 이러한 체육시설이 설치되어 있는 것을 쉽게 볼 수 있는데, 다른 나라에서는 볼 수 없는 풍경들이다.

맑은 공기와 시원한 바람 속에 편안한 마음으로 기구 운동을 하면 몸이 개운해진다. 어릴 적 외국 학생들이 밤에 야외에서 불을 켜고 농구를 하는 모습을 보고 부러워했는데, 어느덧 우리가 그 수준보다 나은 시설에서 운동을 하고 있는 것이다. 이러한 시설들이 구비되어 있는 데 대해 정말로 감사하게 생각한다. 나라가 잘살게 된 것을 느낄 수 있다.

걷기는 친구까지 제공하여 준다. 매일 아침저녁으로 걸으러 나가면 꼭 만나는 사람들이 있다. 나의 경우는 2명으로 거의 매일 만나다 보니 자연 친구처럼 되어버렸다. 70대의 김 사장님, 막내인 60대 조 변호사이다. 나이 차이가 나지만 나는 이들을 '친구'라 생각한다.

동네 여성분들도 매일 열심히 걷는다. 이름도 성도 몰라도 매일 얼굴을 보게 되니 서로 인사하고 반갑게 맞는다. 그런데 신기한 것은 그녀들이 우리들의 전·현직에 대해 얼추 알고 있다는 것이다. 세상에 비밀은 없다고 어디선가 소문을 듣고 우리들의 신상을 대충 짐작하고 있다고 한다. 일행 중 1명이 안 보이면 "오늘 한 분은 왜 안 나오셨냐?"고 물을 정도이다.

상황이 이러하니 걷기를 하면서도 매사 행동거지를 조심하고 겸손해야 한다. 친구들이 없이 나 혼자 걷는다고 해서 '꺼덕대다간' 동네 여론의 물매를 맞을 각오를 해야 한다.

어쨌든 나는 걷기 동료들을 소중한 친구라고 생각한다. 친한 중·고 친구들이 있지만 매일 아침저녁으로 만나는 걷기 친구들을 당해낼 도리가 없다. "안 보면 멀어진다(Out of sight, out of mind)"는 말이 있듯이 매일 만나니 어찌 친해지지 않겠는가? 그래서 지금은 매우 친해져 있다.

혼자가 아닌 여러 명이 함께 걸으면 걷기가 훨씬 수월해진다. 서로 각종 얘기를 하면서 걷다 보면 어느새 5바퀴, 10바퀴가 훌쩍 지나가 버린다. 화제는 그야말로 국내외 모든 사안들이며, 정치 이야기를 할 때는 자연 목소리가 높아지기도 한다.

정치, 경제, 사회, 스포츠 등 모든 방면의 이야기이다. 군필한 남자들이다 보니 군대 이야기도 많이 하고, 때론 배꼽 아래 얘기도 한다. 함께 옛 군가를 부르며 구령에 맞춰 걷기도 한다.

김 사장님은 아주 젊어 보이고 탄탄한 기술력을 보유하고 있어 회사가 급할 때는 언제든지 도움을 요청해 소방수 역할을 하고 있다. 70대인데도 출근을 하고, 몸이 워낙에 건강하니 나는 농담 삼아 '연구대상'이라고 말한다.

조 변호사는 풍부한 법조경력으로 다양한 사안에 대해 설명과 해설을 곁들여 '세상 변론'을 해주고 있다. '무료 야외 변론'인 셈이다. 또한 우리 팀의 군기반장이다. 등산이나 장거리 원정 걷기에 나설 때는 항상 그가 우리들의 준비물을 챙기고 점검한다.

스틱을 잊지 말라고 늘 당부한다. 나이 들어 '아차' 하면 큰 상처를 입으므로 미리 준비하는 게 안전에 가장 중요하다고 강조한다. 나는 특별한 장기나 말주변이 없어 주로 듣는 편이다. 그래도 언론 관계 이야기가 나오면 목소리를 높이곤 한다.

아침저녁으로 '친구'들로부터 이렇듯 다양한 얘기를 들으니 나 역시도 현장의 정보를 바로바로 취득하고 있는 셈이다. 운동은 운동대로 하고 다양한 정보도 챙기고 친구도 생기니 일석이조, 일석삼조가 따로 없다.

친구들은 때로는 운동 후 인근 편의점에서 간단히 맥주를 마시기도 한다. 또한 날을 잡아 저녁 식사와 술 한잔을 한다. 나를 뺀 두 분은 그야말로 '말술'로 주량은 거의 무한대이다. 밥값보다 술값이 많이 들어가는 스타일이다.

2021년 여름에는 3명이 수국과 빼어난 경치로 유명한 통영 연화도를 다녀왔다. 나는 그때 다리가 불편하여 연화도의 절경인 용머리 해안 고개로 올라갈 때 매우 힘들었는데 두 분이 부축을 잘해주셨다. 부산 해운대의 장산에도 원정 등산을 다녀오기도 했다.

연화도를 다녀온 후 나는 단체카톡방을 만들어 일상의 대소사 일들을 공유하자고 했다. 단톡방 이름은 '동구밖 사나이들'로 정했다. 매일 나가서 걷는 공원의 이름이 '동구밖 쉼터'이어서 그렇게 정했는데 작명이 괜찮았다는 친구들의 평을 들었다.

혹, 저녁 시간 걷기를 하기 싫어도 친구들이 전화를 하는 통에 쉽게 빠질 수도 없다. 친구들 덕분에 결석하기가 힘들다. 꾸준히 걷는 데는 친구들의 관심과 성화도 한몫을 한다.

20여 년 전에는 마라톤이 유행하여 많은 사람들이 뛰었으나 요즘은 대부분 걷는다. 걷기의 생활화이다. 아마도 걷기는 인간이 살아있는 한 사라지지 않는 생의 기본이자 빠트릴 수 없는 운동으로 사랑을 받을 것 같다. 특히 은퇴자들에게는 건강을 지켜주는 고마운 운동이다.

산은 인간의 시름을
언제든 보듬어 준다

　아마도 우리나라 사람처럼 산을 좋아하고 등산을 즐기는 경우는 잘 없을 것이다. 주말 휴일 주요 등산로는 형형색색 등산복으로 갈아입은 사람들로 북적인다. 산에는 왜 가는가? 등산을 왜 즐기는가? "산이 거기에 있어 간다"라는 선문답이 돌아오지만 어찌 되었든 한국민은 등산을 좋아하고, 산에 심취하는 민족임에는 분명한 것 같다.
　특히 은퇴자나 직업을 잃고 놀고 지내는 이른바 '백수'인 사람들에게 산은 편안하고 포근한 어머니의 품 같은 곳이다. 오갈 데 없어도 항상 문은 열려 있고 환영해 주기 때문이다. 속세의 갈등과 번민을 뒤로하고 산으로 들어가면 점차 마음이 편안해지고 영혼이 맑아진다. 어디에서 이런 도피처이자 안식처를 찾을 수 있을 것인가?
　산림이 우거진 숲속의 정취와 수많은 나무들, 물소리, 바람 소리,

각종 새소리 등 자연 세계의 모든 것들이 한데 모여 사람을 위로하고 새로운 힘을 충전시켜 준다. 하늘이 인간에게 내린 대자연의 생태계이자 건강의 보고이다.

10여 년 전 회사에서 갑자기 나오게 되었을 때 충격이 컸었다. 아침에 눈을 뜨면 아무런 갈 곳도 없이 망연자실 멍청히 앉아 있는 게 일이었다. 태양이 떠오르는 아침이 그렇게 무서운 줄 몰랐다.

그때 나에게 큰 힘이 되었던 게 산이었다. 아침을 먹고 배낭을 메고 아내와 함께 매일 인근 산으로 찾아 들어갔다. 나중에는 좋은 길을 찾아 걷기도 병행했다. 산으로 들어가면 일단은 주변의 시선에서 멀어져 마음의 평안을 가져오고 얼굴을 바로 들 수 있을 것 같았다.

세상의 수많은 사람들이 나의 사생활에는 아무런 관심이 없는데, 나 혼자만 실직자가 되었다는 상실감과 수치심에 떨면서 많이도 불안해했다. 남이 알까 봐 두렵기도 했다. 그 불안을 해소해 준 곳이 산이다. 산은 모든 고민을 다 받아주고 위로해 주었다.

산에서는 나와 처지가 비슷한 사람들을 어렵지 않게 볼 수 있었다. 별로 프로등산가처럼 보이지도 않으면서 평일 아침부터 산을 찾는 사람이면 거의 십중팔구 실직자로 보면 틀리지 않는다. 그들과는 서로 눈빛으로 마주치면서 서로를 이해하고 격려하는 듯했다. '세상 다 그런 거야, 당신도 나처럼 잘렸구먼. 그래도 힘을 내시게, 이것은 끝이 아니고, 다시 시작이야'. 한 3개월여 그러한 '산 생활'을 반복하니 어느덧 실직의 아픔도 고통도 사라지고 평상심을 찾는듯했다.

그때는 당장 어떻게 해야될 지 몰라 당황하고 불안해했는데 지금 돌아보니 내 인생의 한 과정이 아니었던가 싶다. 굳이 그렇게 불안해할 필요는 없었는데 말이다. 회사가 나의 평생직장도 아니고, 나의 생계를 책임져 줄 보호자도 아닌 마당에, 언젠가 나와야 할 것을 좀 느닷없이 갑자기 나왔다는 것 말고는 달리 달라진 게 없었는데도, 그땐 그랬다.

직장에 대한 방황도 갈등도 다 없어지고 '어떻게 하루를 즐겁게 잘 보내나?'라는 즐거운 고민에 빠지는 요즘에도 산은 나의 영원한 안식처이다. 조금이나마 어렵고 힘든 일이 있으면 홀로 걸어 산으로 들어가면 문제가 조금씩 풀린다. 결국에는 해결책이 나오고 대안도 마련된다. 정신도 육체도 모두 치유되는 곳이 바로 산이다.

나의 경우 산이 새삼스러운 곳도 아니다. 우리나라 사람들 모두에게 산은 태어날 때부터 함께 있어왔고 평생을 산과 함께 산다고 해도 틀린 말이 아니다. 그런데 갑자기 감당하기 어려운 일에 봉착하고 보니 산이 새삼 위대한 존재로 '떡하니' 나타난 것이다.

집안의 아버지가 말없이 고생만 하시며 묵묵히 가족을 책임지는 한그루 큰 고목나무라면, 산은 우리 사회 전체를 포근히 감싸 안아주는 수천수만 개의 고목나무일 것이다. 항상 내 곁에 있어준 산이 고맙고 그 산에서 삶이 영글어지는 것 같다. 고맙고 감사한 산님이여!

나의 경우 40대부터 매주 아내와 함께 집 가까운 산을 찾고 있다. 수천m 고산준령도 아니고 해발 500m 정도의 적당한 산들이다. 출발부터 도착까지 3시간 이내 거리의 동네 산들이다. 하지만 동네 산들이라고 해서 높은 산과 특별한 차이가 있는 것은 아니다. 산이 주는 느낌은 높이와는 무관하게 인간에게 대자연의 위대함을 제공한다.

요즘은 둘레길이 잘 닦여져 있어, 이곳을 즐겨 걷는다. 그냥 아스팔트 위에서 걸어도 좋은데, 산속에서 숲길을 걸으니 얼마나 더 좋은지는 설명이 필요하지 않다. 힐링이자 건강을 찾는 지름길이다.

5~6년 전부터는 작은 등산모임에 가입하여 매월 한 번씩 산을 오르고 있다. 그러니 동네 산을 떠나 전국 유명 산이나 사찰 등 명소를 찾게 된다. 경남은 물론, 전라도 지역을 방문하는 경우도 많다. 평소 음식과 문화예술 분야에서는 호남 지역을 따라갈 수 없다고 생각하는 만큼 이곳의 산들과 등산은 매번 만족감을 준다.

내가 찾은 유명 산을 들라면 지리산, 한라산, 설악산, 주왕산 등이다. 그중 지리산은 산이 너무 크고 웅장하여 어디가 어딘 줄도 잘 모를 만큼 큰 산이다. 영호남을 아우르는 장대한 산맥과 능선은 장관을 연출한다. 말없이 우리를 지켜주는 아버지와 어머니와 같은 존재로 다가온다.

지리산을 다녀왔다고 하지만 위대한 산맥의 수천분의 일만 살짝 스쳐 지났다고 하는 것이 적절한 표현일 것이다. 정말이지 다시 한번 가보고 싶은 곳이 지리산이다. 아마도 큰마음을 먹고 최단코스인 중산리~법계사~천왕봉 정상까지 도전한다면 가능도 하리라.

한라산과 설악산은 아름다운 산이다. 지리산이 남성미가 물씬 풍기는 야생의 풍모라면 한라산과 설악산은 잘생긴 미소년이자 아름다운 여성으로 대표될 것이다. 계절마다 그 모습을 달리하는 아름다운 모습을 내가 어찌 표현을 할 수 있을 것인가? 경북 청송에 있는 주왕산은 산에 들어가자마자 웅장한 기암절벽에 압도되어 버린다. 산세가 험준하고 웅장하여 "도대체 우리나라에 이런 산이?"라는 감탄사가 절로 나온다.

그러나 유명 산은 먼 곳에 있어, 나에게 가장 좋은 산은 항상 다가갈 수 있는 동네 산이다. 창원에 있는 정병산, 비음산, 마산의 무학산, 진해 장복산이다. 이들 산은 해발 560~760m로 언제든 마음만 먹으면 바로 달려갈 수 있다. 정병산과 비음산은 비록 높지는 않아도 산맥이 길고 견고하여 종주는 곤란하고 정상이 아닌 낮은 봉우리로 즐겨 올라간다. 무학산과 장복산은 산정에서 바다를 볼 수 있어 명산 반열에 들어간다. 산을 타면서 바다를 만끽할 수 있는 산이 그리 흔하랴.

요즘은 산을 오르는 것보다 둘레길을 걷는다는 표현이 더 적절할 것이다. 나에게 다가온 산은 포근한 어머니의 품이다. 모든 난관을 포근하게 보듬어 주는 곳이 바로 산이다. 어려울 때 힘이 되어주고 새로운 용기를 불어넣어 주는 곳, 또한 건강을 지키고 치유할 수 있는 그곳이 산이기 때문이다. 은퇴자들이여, 실직자들이여! 그리고 세상의 뭇사람들이여! 산은 항상 당신의 편이다. 산은 항상 희망과 인내를 심어준다. 산을 보고 힘을 내자.

다리가 떨리기 전에
여행을 하자

한 모임에서 우연히 들은 말이다. "여행은 가슴이 떨릴 때 해야지, 다리가 떨릴 때 하면 안 된다". 여행은 떠나는 것인데 다리가 아파서야 할 수 없다. 직장에 있을 땐 여행을 하기가 쉽지 않았다. 주말 휴일을 골라 해야 하는데 시간을 내기가 힘들었고 아이들도 있어 휴가 때 특별히 마음을 먹지 않으면 어려웠다.

그러나 아이들도 장성하고 시간이 넉넉해진 지금 여행이 쉬워졌다. 불현듯이 여행지가 생각나면 아내와 함께 떠나면 그만이다. 여행이라고 해봤자 멀리 오랫동안 떠나는 게 아니고 집에서 2~3시간 이내 거리의 가까운 곳을 간다.

경주, 부산, 부곡이 단골이다. 창원 집에서 멀지 않고 보고 먹을 게 다양하고, 가까워 경비도 아낄 수 있기 때문이다. 경주의 경우 자주 다녀 유적지는 거의 섭렵을 했고, 문화재의 보고인 남산도 2~3차례 올라갔다. 지금은 남산을 더 이상 올라가지 않는다. 그야말로 다리가 시원찮아 굳이 올라가려고 하지 않는다. 숙소에서 쉬며 음식점 순례를 하고 산책을 하며 시간을 보낸다.

 부산도 크게 다를 바 없다. 집에서 50분 정도이면 도착하는 관계로 그야말로 '훌쩍' 떠나버린다. 주로 해운대 쪽이다. 해운대 쪽이 그나마 저렴한 숙소도 많고 가는 길이 익숙하기 때문이다. 도착하여 여장을 풀고 쉬었다가 바닷가 주변을 둘러보고 저녁을 먹고 난 후 인근 백사장을 거니는 정도이다. 평소에는 술을 거의 안 하지만 여행지 저녁 식사에서는 그 지방의 소주를 맛보며 나른함에 젖어 들기도 한다.
 해운대 1박 후 다음 날 오전에는 해변열차를 타며 탁 트인 바다를 보거나, 해변열차 레일과 거의 나란히 설치된 해변 데크를 걷는다. 걸으면서 보는 바다 경치가 절경이다. 편안하게 목욕을 하려면 동래 쪽으로 방향을 틀면 된다. 크고 작은 온천이 즐비하다. 숙소도 꼭 호텔이 아니라도 싸고 괜찮은 모텔이 많이 있다. 부산이 의외로 관광자원이 많다.

 창녕 부곡은 온천으로 유명하다. 경상도 지역에서는 물이 가장 좋은 곳으로 알려져 있다. 겨울철에 특히 좋다. 집에서 50분 거리로 추운 겨울 온천욕을 하면 온몸의 피로가 풀린다. 부곡하와이 랜드가 오래전 폐쇄돼 사람이 없는 줄 알았는데 겨울철에 가보면 완전히 '아니올시다'이다. 주말엔 방 구하기가 힘들다.

누군가는 여행의 장점으로 새로운 문물을 보고 배우고, 자유를 경험하여 살아 있는 독서와도 같다고들 한다. 그러나 나의 경우 이제는 여행지에 도착하여 뭘 보고 어떻게 관광을 하겠다는 목적보다는 편히 쉬고 지역의 특산음식을 맛보는 것이 더 앞선다. 매일 동일한 일상의 패턴을 벗어나 바람을 쐬고 음식을 먹고 편히 쉬고 자고 하는 것에 더 중점을 둔다는 것이다. 맛집을 고르는 게 출발 전 주요 과제이다. 먹고 쉬는 힐링이라고나 할까.

나는 아이들과 함께 캠핑을 못 해봤다. 왜냐하면 아내가 평생 부모님을 모시느라 평소에도 식사와 외출에 신경을 많이 쓰는데, 휴가라고 나와서까지 밥하고 음식 준비하는 것을 바라지 않았기 때문이다.

그래서 나는 '10번 캠핑보다 한 번 호텔' 쪽이다. 형편이 좋아 그런 것은 절대 아니다. 단지 부모님 봉양 때문에 늘 고생하는 아내를 한 번이라도 제대로 쉬게 해주자는 취지다. 아이들에게는 야영의 즐거움과 경험을 함께하지 못해 좀 미안하게 생각한다.

1990년대 말의 일이다. 한창 골프에 열을 올려 밥상 젓가락이 골프채로 보일 때 골프회에서 부부동반으로 경주 1박 2일 여행을 간 적이 있다. 그때 내가 모임의 회장이어서 행선지와 숙소를 내가 결정하였다. 경주 보문단지에서 최상급 호텔을 단체 숙소로 잡고 저녁 식사도 인근의 가든에서 푸짐하게 먹어버렸다.

부인들이 난리가 났다. 특급호텔 숙박도 놀라웠는데 저녁에는 비싼 고기를 실컷 먹고, 노래방까지 가버렸으니 환성이 터져 나온 것이다. 자연스럽게 "회장이 누구냐? 종신으로 모셔야 한다"고 칭찬이 자자했다.

부인들은 골프를 안 해도 남편 따라 바람 쐬러 함께 온 것인데 고급 호텔을 숙소로 잡고, 전혀 손 안 대고 맛있는 음식을 먹었으니 기분이 안 좋았을 리 없다. 일반적으로 여성들은 여행 갈 때 많은 준비를 하는 것보다 카드 한 장 달랑 갖고 떠나는 것을 좋아한다. 나는 지금도 마찬가지 생각을 갖고 있다.

우리가 묵었던 호텔은 지인이 다니던 그룹사의 계열이어서 할인을 좀 받을 수 있었다. 이런 내용을 알 길 없는 부인들은 "골프회 회장님 능력 있다"며 "또 오자"고 했다. 부인들은 "경주가 초행이다. 초등학교 수학여행 때 이후 처음 왔다"는 등 경주를 반겼다.

특히 출발하여 돌아올 때까지 식사 준비에 전혀 신경 쓰지 않고 맛있는 음식만 먹었으니 얼마나 즐거웠겠는가? 30년이 지난 지금에도 '그때 그 시절'을 그리워하는 부인들이 여럿 있다.

여행 이야기를 하면서 엉뚱하게 골프 이야기가 나오고 말았다. 문제는 골프가 아니고(실제 골프는 끊은 지 오래다) 여행이다. 그나마 다리가 아직은 튼튼한 지금 여행을 많이 떠나라 하는 것이다. 진짜로 미루다 다리가 시원찮아지면 경제적 여유와 시간이 있어도 떠날 수 없다.

여행을 하게 되면 삶의 활력소가 되는 것은 확실하다. 젊을 때의 여행이라면 외국어도 익히고 봉사를 하고, 친구를 사귀는 등 의미 있는 활동을 하겠지만 우리들의 지금은 그렇지는 않다. 그야말로 쉬면서 편안한 시간을 보내는 것이다.

그래도 1박 2일이라도 떠나면 약간의 설렘은 있다. 지금은 부모님이 안 계셔서 집이나 밖이나 둘 뿐이지만 집을 나서면 생활의 일탈의 자유 같은 것을 느낀다. 그래서 아내에게 '신혼여행'이 아닌 '구혼 여행'을 간다고 하면 미소로서 답을 한다.

'구혼 여행'이라고 말하니 40여 년 전 제주도 '신혼여행' 생각이 나 젊은 신혼부부 두 사람의 오붓한 사랑 이야기가 떠오른다. 그땐 정말 가슴 두근거리고, 생기발랄했는데, 이제 와서 시계추를 되돌릴 수도 없고….

지금 나는 동년배나 은퇴자들에게 여행을 적극 권하고 싶다. "웬 배부른 소리"냐고 말할지 모르지만 일단 떠나보고 난 뒤 말씀을 하시라고 전하고 싶다. 저녁에 소주 한잔을 곁들이고 나른한 가운데 캄캄한 해운대 바다의 불빛을 내려보면 아무 생각도 나지 않고 머리가 멍해진다. 모처럼 부부가 손을 잡고 백사장을 거닐어도 좋다. 아내의 손이 이랬는지 새삼 느끼기도 할 것이다.

언제 세월이 그렇게 무심하게 빨리 흘러 지나와 버렸는지, 어느새 내 나이가 이렇게 되었는지, 그냥 옛날이 그리워지고 숙연해진다. 오래전 여행 때는 아이들이 함께 있어 부부간 서로 쳐다볼 여유가 없었는데 지금은 그러지 않는데도 그 옛날 풍경만 눈앞에 아른거린다.

무심코 요즘 애창되는 노래, 〈어느 60대 노부부 이야기〉를 들으면 마치 나의 이야기인 듯하고, 우리도 노래처럼 그렇게 늙어가려니 하는 생각이다. 다리가 더 이상 아프기 전에 떠나보자! 떠나면 아프던 다리도 낫게 된다. 걸어서 안 좋은 신체 부위는 없다. 지금까지 얼마나 고생만 했던가? 이제 시름은 훌훌 떨쳐버리고 가까운 곳이라도 좋으니 잠시라도 떠나보자. 자식 준다고 돈 아끼지만 말고 이제는 나와 아내를 위해 좀 쓰자.

인생이라는 시계는 고장 나면 잘 고쳐지지가 않는다. 더 이상 고장 나기 전에 우리 빨리 떠나자. 여행이 우리를 기다리고 있다.

나의 친구, 나의 건강,
나의 행복, 탁구

    탁구를 치기 시작한 게 2017년이다. 집 근처 목욕탕에서 만나는 친구로부터 소개받아 동네 주민자치센터 탁구장을 찾게 됐다. 등록하자 곧바로 여선생님으로부터 레슨을 받으면서 나름대로 열심히 치기 시작했다.

    탁구는 중·고시절부터 좀 쳤기 때문에 도통 생소한 게 아니고 조금은 칠 줄 아는 편이었다. 매일 오전 10시를 넘어 탁구장으로 가서 2시간여 동안 치다가 샤워를 하고 돌아온다. 그런데 참 재미가 있었다. 어깨를 다치는 줄도 모르고 막 쳐댔다. 탁구는 혼자 칠 수 없어 모임에 들어 회원들과 가까운 친구처럼 탁구를 즐겼다.

    모임의 이름은 '방실 탁구회'로 이 모임을 소개하지 않으면 나의 탁구를 말할 수 없다. 회원들은 50~60대였고, 70대도 계시다. 전체

연령이 중장년 대이고 탁구라는 운동에 몰입하여 즐기니 분위기도 좋고 늘 친구처럼 가깝게 지낸다. 단합과 화합도 너무 잘돼 다른 모임에서 부러워할 정도이다.

매일 게임을 하지만 매주 수요일 편을 짜서 하는 '수요 게임'이 가장 재미있다. 1등을 한다고 상을 주는 것도 아니고, 아무것도 없는 단지 순위에 불과한데 거의 '목숨을 건다'라는 표현이 맞을 것 같다. 열심히 게임을 치른다. 양보가 없다. 물론 페어플레이는 기본이다.

게임은 단식이 아닌 혼합복식을 하는데 화투짝을 갖고 그날의 짝을 짓게 된다. 똑같은 화투패를 2개로 나눠 남, 여 각자 1개를 집어 화투패가 같으면 파트너가 되는 것이다. 이를 두고 '시집, 장가간다'고 말한다.

그런데 나는 탁구 실력이 떨어져 좋은 '신랑'이 되지 못했다. 꼴찌를 도맡아 하곤 했는데 그럴 때면 여성 파트너에게 미안한 마음이 들었다. 파트너들은 "전혀 신경 쓰지 마라"며 오히려 나를 격려하며, "승패보다 중요한 건 즐겁고 재미나게 치는 것"이라고 말한다. 시작할 때부터 마칠 때까지 시종일관 웃는 게 탁구다. 실력에 관계없이 실수를 해대는 통에 웃음이 만발한다. 땀을 흘려 운동도 되지만 워낙에 많이 웃는 바람에 더 젊어지고 즐거워질 수 있다.

그래도 나는 '장가'를 잘 들고 게임 운이 따르는 날이면 1등도 했다. 하여 "누구는 오늘 장가 잘 갔다", "시집을 잘 갔다"는 말이 나오기도 한다. 여성 회원들은 60대가 많지만 이제 갓 50세가 된 젊은 여성도 있다. 50세 정도는 20~30대 젊은 색시와 다름없다. 또한 60세 이상이라도 워낙에 탁구를 잘 치고 건강하다. 이들을 여성이라고 얕봤다간 큰코다친다. 다들 대단한 탁구 실력을 갖고 있다. 우리들은 서로 이름을 부르면서 친구처럼 편하게 지낸다.

회원들에게 있어 탁구장은 단순한 탁구장이 아니다. 매일 나오는 '운동 사랑방' 같은 곳이다. 그 시간대에 탁구장에 나오지 않고 집에 있으면 지루하다. 하루가 매우 길다. 하여 오전 10시 전후로 모두들 탁구장으로 나와, 운동을 하면 땀도 흘리고 점심을 먹으면, 밥맛도 있는 일석이조의 효과를 보게 되는 것이다. 전술했듯이 탁구장 '출근'이다.

날씨와 관계없이 사시사철 운동을 할 수 있는 장점도 있다. 골프와 테니스 등 실외스포츠는 눈비가 오거나 바람이 부는 등 날씨가 궂을 때는 할 수 없는데, 탁구는 이런 핸디캡이 전혀 없다. 날씨가 더울 때는 에어컨이 나오고, 추울 때는 히터까지 나오니 얼마나 좋은가?

수요 게임을 하는 날이면 게임을 마치고 함께 점심을 한다. 그날의 우승팀에게 축하도 하고 게임 이야기를 하면서 즐거운 시간을 보낸다. 좌중에 민망할 정도로 시끄럽게 떠들어 대기도 한다. 이날은 일주일 중에서 가장 즐겁고 재미있는 날이다. 게임을 하는 것만 해도 즐거운데 짜릿한 승부까지 겹치니 얼마나 재미있는지 말로 표현하기 어렵다. 그러니 성적까지 좋으면 즐거움은 배가(倍加)된다. 점심에 막걸리 한잔까지 곁들이니 더욱 즐겁다. 그래서 나는 매주 수요일이 기다려진다. 다른 회원들도 마찬가지라 한다.

  부부회원도 있다. 부부가 함께 탁구를 즐긴다. 나이 들면서 각기 취미와 성향이 달라 따로 노는 부부가 많은데 함께 같은 종목으로 즐기니 더욱 좋다. 그래도 수요 게임 날 진짜 부부가 한팀이 되면 서로 양해하에 다른 팀, '일일 부부'로 바꿔주기도 한다. 진짜 부부팀보다 가짜 부부팀이 더 아기자기하고 좋은가보다.
  탁구는 팔과 다리, 몸통, 허리 등 전신 근육을 사용해 단시간 내에 탁월한 운동 효과를 내 다이어트 효과가 있다. 경비도 저렴하고 집에서 가까운 거리의 동네 주민센터나 사설 탁구장에서 즐길 수 있다. 공의 회전율이 골프, 배드민턴 다음으로 높아 순간적 판단력과 빠른 대응 능력을 기를 수 있다고 한다. 그래서 치매 예방과 뇌 활성화에 도움이 된다. 빠른 공의 움직임으로 눈 건강도 좋아진다고.
  게임을 이기기 위해서는 공을 돌려 회전을 높이고 상대편의 코너로 팍팍 찔러야 하는데 나는 잘 그러지 못한다. 아무리 돌려도 잘 돌지 않고, 항상 중앙으로 공을 갖다 대곤 한다. 말하자면 공이 좀 순한 편이다. 좋은 말로 표현하면 '정직한 구질'이라고나 할까.

  그래서 한 번씩 시원하게 때려 치기는 하지만 변칙적인 득점력은 떨어진다. 멋지게 때리는 것이나 변칙으로 가볍게 코너를 찌르는 것이나 똑같이 1득점이다. 해서 승률이 그렇게 높지 않다. 묘수를 좀 배우고 싶지만 게으른 데다, '아이고, 이 정도 선에서 유지나 하자'고

자위해 버린다. 그러니 매일 꼴찌권에 머물고 있는 것이다.

그래도 적절한 양의 운동을 하고 친구들과 즐기는 것이 좋다. 그렇지 않으면 집에서 심심하게 시간을 보내는 '집콕'을 할 수밖에 없다. 회원들은 탁구의 재미에 푹 빠져 있다. 탁구를 치기보다 내내 웃고 즐기며 재미있고 즐거운 시간을 보낸다는 것이 맞을 것 같다.

탁구는 혼자 칠 수는 없다. 반드시 상대가 있어야 한다. 그러다 보니 초보자이거나 동반자가 없을 경우에는 좀 답답해진다. 그것이 단점이라면 단점이다. 단점을 극복하려면 초보자는 레슨을 좀 받아 기본기를 갖춰야 하고, 동아리에 가입하는 게 좋다. 그렇게 되면 실력도 늘고 친구도 사귀게 된다. 운동하고 친구 생기고 퇴역 후 이보다 좋은 게 없다.

요즘은 은퇴자들이 파크 골프를 많이 즐긴다고 한다. 실제 골프장보다 장비가 훨씬 간단하고 부킹도 수월하고, 경비가 저렴하여 많이 애용한다는 것이다. 뭐든지 좋다. 탁구든, 파크 골프이든, 아니면 진짜 골프이든, 헬스이든, 걷기이든, 운동은 상시 하는 게 좋다. 자신의 형편에 맞게 하면 되는 것이다. 나는 비단 탁구라서 운동을 얘기하는 것이 아니고, 종목에 관계없이 운동을 가까이하고 즐기면, 정신건강과 육체건강이 모두 좋아진다고 말하고 싶다. 일단 쉽게 입문할 수 있는 탁구를 강력 추천한다.

돌아보건대 내가 탁구를 하지 않았다면 좀 딱딱하고 무료한 시간을 보냈을 것이다. 특별히 바쁘지도 않고 오갈 데도 마땅찮은데 탁구가 있어 무척 다행이다. 인생의 나이 듦은 "늙어가는 것이 아니라, 익어가는 것"이라고 한다. 나는 탁구와 함께 조금씩 익어가는 인생을 느꼈고 탁구 입문을 늘 감사하게 생각한다. 탁구장이라는 곳에서 나를 불러주고, 그곳을 갈 수 있는 이 순간이 바로 도원경이 아닐까.

언젠가 몸이 따라주지 않아 탁구마저 치지 못할 경우가 있겠지만 현재 이 시간 나는 탁구의 즐거움과 그 친구들에게 온통 빠져 있다. 이 소중한 인연을 오래 간직하고 싶다. 정성과 사랑을 듬뿍 가지고 인연을 이어가면 그 역시 행복이라 생각한다. 탁구는 나의 친구이자, 나의 건강이며, 나의 행복이다. 지금 탁구장으로 달려간다.

내 자식 키울 때
미처 몰랐던 손자 사랑

2남 3녀 중 차남으로 태어난 나는 딸, 아들 각 1명을 두었다. 큰 아이인 딸이 시집가 느닷없이 쌍둥이 손자를 낳았다. "쌍둥이라고", "아니 우리 가문에 웬 쌍둥이?" 하며 의아해했다. 집안 8촌 이내 계보를 싹 훑어봐도 쌍둥이는 없으니 가족력으로 볼 땐 분명 돌연변이인데 그것이 내 딸에게서 나타났으니 말이다. 6촌 누나가 쌍둥이였다는 사실은 조금 지나 알았다.

출산 전 쌍둥이 소리를 들었을 때 싫지는 않았고 은근히 자랑하고픈 심정이었다. 그러면서도 신기하기도 하고 어떤 놈들일까? 하는 궁금증과 함께 두 놈이 무탈하게 잘 태어나야 할 텐데…. 딸 아이도 무사하게 순산해야 하는데… 하며 여러 걱정이 많이 되었다.

예정일이 다 되어가서는 매일 기도하는 심정이었다. 불길한 생각도 들었다. 그러나 아내가 두 아이를 비교적 순산했기 때문에 딸아이도 친정엄마를 닮을 것으로 보고 다소 안도했다.

출산 당일 아내와 병원으로 가는 도중 사위로부터 전화를 받았다. 두 아이를 6분 간격으로 무탈하게 출산했고 산모도 건강하다고 했다. 휴!! 운전을 하면서 그냥 감사를 드렸다. "조상님, 하느님, 부처님, 다 감사합니다. 감사합니다!!"

자연분만 한 딸아이는 출산 2~3시간 되어서 걸어 다니며 빵도 먹고 멀쩡해 보였다. 그리고 다음 날 퇴원했다. 제왕절개 산모는 며칠 입원을 해야 하지만 자연분만은 산후 상태가 좋으므로 빨리 퇴원해야 하고, 병실이 부족하니 자연 떠밀려 하루 만에 나오게 된 것이다.

퇴원하는 날, 두 아기 중 한 아기를 내 차에 태우고, 또 한 아기는 사위 차에 태웠다. 세상에 태어나 하루도 안 돼 서울거리를 활보하며 처음 탄 차가 외할아버지 차였다. 얼마나 조심스럽게 운전을 했던지 입원했던 서울대병원에서 딸아이가 살고 있는 의왕의 조리원까지 가는 데 몇 시간이 걸린 것 같았다. 혹시라도 아기에게 진동을 줄까 봐 초저속으로 그야말로 '비상'하게 운전을 했다.

조리원에 2주가량 있다가 친정인 창원으로 내려올 때는 거의 비상 이동 작전이었다. 내 차와 사위 차에 1명씩 태우고 뒷창문에 "쌍둥이 신생아가 타고 있어요"라는 대자보를 붙이고 비상등을 켜면서 내려왔다. 운전에 얼마나 신경을 썼던지 집에 도착하자마자 시원한 맥주를 들이켰던 기억이 새롭다.

그리고 지금 7년이 흘러 7살이 되었다. 1월생이라 온살 배기로 공짜 나이 없이 만 7살이다. 요즘은 말도 늘어 통화도 자유롭게 하고, 진지한(?) 대화까지 나눈다. 태어난 후 4개월여 친정집에 있을 때부터 정이 엄청 가더니만 다 자란 어린이가 된 지금도 외손자 사랑은 여전한 것 같다.

안 보면 보고 싶고 주말 휴일 때에는 뭐 하고 놀았는지 궁금하여 영상통화를 하고, 보내온 아이들 사진과 동영상을 보는 것이 낙이기도 하다. 내 스마트폰에 저장되어 있는 사진의 절반 이상이 손자들 것이고, 카카오톡의 커버 사진도 쌍둥이 모습이다. 무엇이 이렇게 손자 사랑을 만드는지 잘 모르겠다.

나와 아내가 아이들을 키울 땐 이러지 않았던 것 같기도 하고, 그 때보다 아이(손자)들에 대한 애정농도가 더 짙어지지 않았나 하는 생각이 들 정도이다. 하긴 그때는 직장 일도 바쁘고 아침 일찍 출근했다 늦게 퇴근하면 아이를 미처 볼 시간도 부족했을 것이다.

또한 어머니의 손자 사랑이 지극하여 아이들이 우리 부부 품에 안기기가 힘들 정도였다. 어머니가 두 손주를 업고 사셨다 하는 말이 맞을 것 같다. 또한 집안에 어른이 계시니 웬만한 급한 일이 생겨도 믿는 구석이 있어 크게 걱정은 하지 않았던 것 같다.

그런데 우리 부부가 지금 할아버지 할머니가 되고 보니 두 분의 심정을 알 것 같다. 우리도 부모님 못지않게 손자 사랑을 하고 있는 것이다. 내 자식보다 바로 내 자식이 낳은 손자가 더 귀엽고 사랑스러운지 이유를 알 수 없다.

무엇이 어떻게 예쁘고 귀엽고 사랑스러운지는 말로 다 표현을 못

할 것 같다. 그런 것을 어떻게 필설로 다 풀어쓰랴? 그렇다고 남 앞에서 무조건 제 손자 자랑만 늘어놓을 수 없고, 다만 우리 부부의 대화 중 가장 즐겁고 많은 부문을 차지하는 것이 쌍둥이 손자 이야기이다.

손자 사랑은 나만의 이야기만이 아니다. 친구들 대부분이 손자가 좋다며 난리이다. "귀여운 손자 때문에 돈을 벌지, 손자 보는 게 낙이다"라는 친구도 많다. 스마트폰에 커버 사진을 손자로 하는 것은 아주 흔한 일이다.

쌍둥이다 보니 모든 게 2개이다. 옷도 2개, 장난감도 2개, 책가방도 2개, 돈도 2배가 든다. 부모의 피로도와 고생은 숫자보다 할증되어 2배 이상이다. 특히 딸아이는 직장에 나가니 더 힘들다. 워낙에 2배에 길들여지다 보니 외둥이 키우기는 '식은 죽 먹기'라는 말도 한다.

7살인 지금도 2명 돌보기가 힘이 들지만 신생아 땐 특히 힘들었다. 최소 어른 2명이 돌봐야 하고, 엄마의 피로도 등을 감안하면 세 사람이 늘 곁에서 아이들을 지켜야 했다. 거의 몇 개월 동안 아내의 친동생인 이모가 동원되기도 했다. 이모가 보채는 아이들 중 한 놈을 데리고 밤새 함께 자주고 다음 날 아침에 돌아가는 식이었다. 지금 생각해도 고마운 일이다.

아기는 먹고 자고 울고 싸고가 하루 일과이다. 아무런 의사전달을 안 하는데도 울음 하나로 모든 것을 전달하니 경이로울 따름이다. 아기는 너무 귀엽고 예쁘지만 실제 돌보기는 어렵다. 시도 때도 없이 울어대는 아기들을 달래는 게 예사로 어려운 게 아니다. 아주 편안하게 안아야 하고 안아도 서서 움직여야 좋아한다. 아기 등에 '센서'가 붙었는지 신기하게 움직이는지 안 움직이는지를 안다. 신통방통하다고 말할 수밖에 없다.

옛말에 "아기 볼래? 밭일할래?" 물어보면 "밭일하겠다"는 말이 이해가 간다. 그래도 아기들은 정말로 신기하고 예쁘고 귀엽다. 아기를 많이 안아 어깨 통증도 생기지만 밭일 대신 아기를 보고 싶은 심정이다. 밤새 엄마와 어른들을 괴롭힌(?) 아기들도 아침 녘에 곤히 잠든 모습을 보면 너무 귀엽고 예쁘다. 천사가 바로 이 아기들일 것이다.

"밤새 잠 잘 잔 시어머니는 아침에 보면 밉다지만, 잠을 보채며 밤새 애먹인 아기는 아침에 봐도 예쁘다"는 우스개도 있다. 다 그런 것은 아니지만 새 생명의 예쁜 모습을 재미있게 표현한 말이 아니겠는가?

그래도 아기는 시간이 무색할 만큼이나 무럭무럭 잘 자란다. 우유통을 던지며 울던 때가 엊그제 같은데 걷기 시작하고, 뛰기도 하며, 조금씩 커가는 모습을 보면 생명의 경이를 느낀다. 어느새 어린이집을 졸업하고 유치원에 입학하여 자전거도 타고 스케이트까지 탄다. 말도 하며 자기 의사를 표현한다. 그 놀라운 성장의 과정을 어떻게 다 표현을 할까?

나의 부모님 세대가 지나가고 새로운 생명이 태어나 무럭무럭 잘 자라는 것을 보니 세월의 빠르고 무심한 흐름을 느낀다. 내 자식 키울 때 미처 몰랐던 손자 사랑, 할아버지가 되어 느끼면서 즐겁고 행복하고 기쁘다.

가족만큼 소중한 존재는 없다

　누구나 그러하듯 가족이 없는 삶은 상상할 수 없을 것이다. 가족은 나와 가정을 이끄는 삶의 영원한 울타리이다. 가족으로 내가 있고, 내가 있어 가족이 있다. 가족을 떼어놓고 나와 가정을 생각할 수 없다. 가족의 중요성은 말로 다 할 수 없고, 가족만큼 소중한 존재는 어디에도 없다.

　최인호 선생은 《샘터》지에 소설 〈가족〉을 무려 35년간 연재했다 한다. 가족이라는 소재로 인해 그 오랜 세월을 이야기할 수 있었을 것이다. 가족에게는 무궁무진한 이야기가 있고, 타인은 도저히 따라올 수 없는 정과 사랑이 있다. 우리 모두가 가족 때문에 살아 있다. 대중에게 공개하는 상업성의 책자에 사사로운 나의 가족 얘기를 첨부하는 것도 이러한 이유 때문이 아닌가 싶다. 해량을 바란다.

나는 경남 하동 태생이나 마산에서 자랐다. 하동군청 공무원으로 관내 면장도 하셨던 부친께서 자식들 공부시키려 공직을 그만두시고 마산으로 이사 오시어 운수업을 하셨다. 나는 하동에서 초등학교에 다니다 마산으로 전학 왔고, 마산중·고, 한양대를 졸업했다. 55세에 경남대학교 언론대학원에서 저널리즘 석사학위를 받았다.

상황이 이러하니 자란 고향은 마산이다. 하동과 마산이 다 고향인 셈이다. 조상님들의 선산도 하동 악양에 있다. 나는 2남 3녀 중의 가운데이다. 위로는 형님과 누나, 아래로는 여동생 둘이 있다.

우리 집 식구는 나와 아내, 그리고 딸, 아들이다. 딸은 시집을 갔어도 여전히 함께 있는 가족 같으며, 사위도, 쌍둥이 외손자도 마찬가지이다. 자식 둔 부모마다 자식관(子息觀)이 다르겠지만 우리 부부는 아이들이 자랄 때 부모한테 효도를 다 했다고 생각하는 쪽이다.

나와 아내의 자식으로 태어나 준 것만 해도 큰 기쁨이고, 자라는 동안 무수히 많은 기쁨과 즐거움을 준 것도 바로 자식들이다. 기쁜 일이든 슬픈 일이든, 좋은 일이든 안 좋은 일이든, 자식은 부모에게 희망이고 즐거움이고, 자식의 존재 자체가 기쁨이다. 앞으로 무엇을 더 바라랴?

지금 자식 둘은 원만하게 성장하여 딸은 시집을 갔고, 아들은 미혼의 직장인이다. 요즘 노총각의 기준이 하도 늘어져 몇 살까지를 노총각으로 봐야 할지 애매하지만, 부모의 입장에서 보면 30세를 넘어가면 일단 그 반열에 들어가지 않을까 생각한다. 젊은이들 시각에서 보면 좀 빠르게 보는 편이 아닌가도 싶지만 부모 심정은 그렇다는 말이다.

결혼에 대한 생각이 많이 바뀌어 나이가 차면 '반드시 결혼'이 아닌 '필요하면 결혼'으로 바뀌는 것이 아닌지? 그러나 이상하게 부모가 되고 보니 자식들이 빨리 짝을 찾는 것을 보고 싶고, 손자 또한 빨리 보고 싶은 생각이 드는 것을 숨길 수 없다. 옛날 나의 부모님도 그러셨을 것이다.

딸은 나와 꼭 30년 차이가 난다. 창원에서 초·중·고를 나와 대학은 서울에서 마쳤다. 결혼을 하였고 결혼해서도 직장에 다닌다. 키가 크고 대범하고 시원한 성격이다. 중국어를 전공하여 차량부품을 중국, 유럽 등지에 수출하는 해외영업 업무를 하고 있다. 중후장대한 일을 한다 하며, 연간 부서 매출이 수백~수천억 원이 된다고 한다.

아버지가 보기에 딸은 글을 잘 쓰고, 그림을 잘 그리고, 글과 그림에 바탕한 깜찍한 선물을 잘 만든다. 거의 도사급이다. 지금까지 우리 부부는 딸아이가 손으로 직접 만든 선물을 참 많이 받았다.

예를 들어 생일이나 결혼기념일 등에 날아오는 선물 속에서의 문장과 글씨와 그림은 정말 엄마 아빠를 깜짝깜짝 놀라게 하며, 감동하게 한다. 문장은 동서고금을 넘나든다. 좋은 글이 너무 많아 소개가 어렵다. 그 선물들은 하나도 버리지 않고 집안의 가보(家寶)로 남겨놓았다.

내가 2012년 58세 때 직장을 갑자기 나오게 됐을 때, 오후 5시 24분에 시간이 맞춰진 시계와 딸의 메모가 동봉된 우편물이 부쳐왔다.

"《아프니까 청춘이다》의 작가 김난도는 하루 24시간을 인생 80년에 비교했을 때 1년에 18분이라고 합니다. 58세는 저녁 5시 24분이

죠. 퇴근을 준비하기에는 조금 이른 시간입니다. 아직 저녁 식사를 하기에도 이른 시간, 인생의 제2막을 준비하기 위해 당신의 건강과 주변&꿈을 되돌아볼 황금 같은, 하지만 길지 않을 시간, 동지기간에도 하늘이 어둡지 않은 '오후 5시 24분'. 잠시 쉬면서 아빠의 Next Stage의 멋진 Opening 무대를 준비하세요. 나의 우상이자 롤모델, 이상형인 아빠 Fighting!".

너무 아쉬워하지 말고 차분하게 인생 제2막을 계획하라는 딸의 메모였다. 하지만 아직도 그 2막을 제대로 준비 못 했는데 4년 넘게 흐른 시각에서 계산을 하니 오후 6시 36분 정도 되어버렸다. 세월이 또 흘러 퇴직 10년이 지난 2022년 현재 시각은 오후 8시 24분이다. 든든한 맏아들 같은 딸이다. 그 딸이 시집가 쌍둥이 아들을 낳아 7살이 되었다. 아내와 쌍둥이 엄마, 직장인 등 세 가지 일을 함께 하는 커리어 우먼(Career woman)이다.

아들은 체구가 우람하고 성격은 매우 넉넉한 스타일이고, 좀처럼 서두르지 않는다. 대학에서 기계공학을 전공하였다. 오래전 봄에 딸을 뺀 3명은 난생처음으로 유럽으로 가족여행을 다녀왔다. 여행사를 이용하지 않고 모든 스케줄을 아들이 짜고, 우리 부모는 아들의 뒤만 쫄쫄 따라다녔다.

출발 전 나는 나름대로 여행지침을 마련하고 가족들에게 밝혔다. "살아가면서 힘들 때 즐거웠던 여행의 순간을 기억하며 힘을 내게 하는 좋은 여행의 추억을 만든다. 돈은 아껴 쓰되 궁색하지 않도록 여유 있게 준비한다. 또한 분실에 대비하여 3등분 하여 나눠 가진다.

여행 대장은 아들이다. 아들의 지시에 전적으로 따른다". 우리 부부는 이 지침을 지켰다.

오랜만에 하는 해외여행이라 공항 수속부터 복잡했고, 독일에서는 지하철 티켓 한 장 끊는 것도 우리와는 너무 달랐다. 아들은 당황하지 않고 침착하게 잘해냈다. 영어도 곧잘 해 나는 급하면 아들 얼굴만 쳐다보았다. 집에서는 아이인 줄 알았는데 밖에 나가니 어엿한 성인이자 베스트 가이드였다. 자식은 이미 다 컸는데 부모만 잘 몰랐던 것이다.

이탈리아 베네치아에서 만난 한국인 민박 주인은 이렇게 말했다. "10년 넘게 숙박업을 해왔지만 딸이 아닌 아들이 부모님을 모시고 해외여행을 온 경우는 거의 처음이다. 아주 보기 좋고 대견스럽다"고 했다.

아들은 대학을 졸업하고 취업하여 직장생활을 하고 있다. 빨리 한 가정을 이루는 것을 보고 싶은데 아직은 시기가 아니란다. 항상 여유 있고 무던한 자세가 사나이 같은 인상이다. 아버지와 자주 전화하며 대소사 일들을 의논해 주는 아들의 모습에 늘 감사함을 느낀다. 중학교 때부터 마술(魔術)을 연마하여 전교생 발표회도 가졌고, 성인이 되어서도 솜씨를 뽐내고 있다. 음악에도 소질이 있어 한때 작곡을 하기도 했다. 나름대로 아티스트의 자질도 있다.

자녀들은 크면 부모 곁을 떠난다. 떠나는 것도 자연의 이치이다. 한평생 데리고 살 수 없다. 딸, 아들 마찬가지이지만 딸은 시집을 가면, 가는 것이 아니고 아들 1명을 새로 데리고 오니 좋다. 물론 아들

장가를 보내도 며느리가 오지만, 유독 딸이 아들 1명을 더 데리고 오는듯한 느낌이다. "첫딸은 세간 밑천이다"는 옛말이 틀린 게 아니다.

딸 부부는 사내 커플인데, 나중에 보니 둘 다 마산 출신이고, 사위는 고등학교 새까만 후배이다. 급하면 장인, 사위가 아닌 선후배로 형님, 동생 할 수도 있을 것 같다. 나는 이 부분이 참 좋다. 듬직한 큰아들 같다.

해서 우리 가족은 아내와 딸, 아들 4명에 사위까지 5명이다. 여기에 귀여운 쌍둥이 외손자 2명이 탄생했으니 7명이다. 쌍둥이 손자는 귀엽고 의젓함이 말로 설명하기 어렵다. 이 세상 할아버지 할머니들이 다 그러하겠지만 손자는 정말로 예쁘다. 표현이 잘 안 될 지경이다. 딸과 외손자는 시댁 집 식구로 계산될지도 모르겠다. 그래도 나는 우리 쪽에 넣고 싶다. 이쪽저쪽, 왔다 갔다 하면 양쪽 집안에 다 좋을 것 같다.

더 이상 가족 자랑하다가는 팔불출이다. 가족은 나에게 언제나 힘이고, 나 또한 가족에게 큰 힘이자 언덕이다. 세계 78억 명의 수많은 사람 중 가족이라는 인연으로 만난 게 참으로 신기하고 소중하고, 행복하고, 감사하다.

언제 들어도 편안하고
아늑한 이름, 아내

　나와 아내 두 사람 모두 60대이다. 나는 곧 70대 입문이다. 60세 때만 해도 끔찍한 나이라는 생각이 들었는데 '7학년 목전'이라니 정말 아연해진다. 그런데 남자는 나이를 거꾸로 먹는가 보다. 옛말에 70세면 고희(古稀)라 하여 "뜻대로 행해도 어긋남이 없다"고 했다. 인생의 희로애락을 다 경험하여 잘 알고 있어 어떤 일을 해도 잘못된 일이 없다는 뜻이다.
　하지만 이 무슨 일인가? 나이가 들수록 어긋남이 없는 게 아니라, 자꾸 연약해져 아내에게 의존하게 되니. 대소사 일 모두를 나 스스로 즉석에서 결정하지 못하고 아내에게 물어보게 된다. 남자는 나이 들수록 여성화되어 가고, 여성은 남성화되어 간다는 말을 듣기도 했지만 내가 그렇게 되리라는 생각을 못 했다. 이상하게 나는 소심해져

가고 아내는 대범해져 가는듯한 느낌을 받는다. 좀 심한 표현이지만 때로는 아내의 가슴에서 어머니의 따뜻한 품과 같은 느낌을 받기도 한다.

우리 부부는 일반적으로 쓰는 '여보', '당신'과 같은 호칭을 한 번도 써보지 못했다. 평생 부모님을 모시고 살았기 때문에 부모님 앞에서 그런 호칭을 쓰기가 좀 면구스러워서였다. 그래서 아내를 부를 때 딸아이 이름을 부른다. 부모님이 돌아가신 지금에도 딸아이 이름을 부르며, 꼭 부를 일이 있을 때는 '부인'이라 부른다.

나의 부모님은 '한날한시'에 돌아가셨다. 월드컵 축구가 한창이던 2010년 6월 26일 밤 어머니가 가셨고, 그로부터 52시간 후인 29일 새벽에 아버지가 돌아가셨다. 어머니는 운명하시기 두 달 전부터 물만 드시다가 우리 집 안방 침대에서 조용히 눈을 감으셨다.

어머니가 몸져누운 상태에서 아버지가 몸이 안 좋으시다고 하여 병원에서 진찰을 받으시고는 바로 중환자실에 입원하셨다. 며칠 후 일반병실로 옮겼지만 입원 18일 만에 돌아가셨다. 아버지가 돌아가신 날 동이 트면 어머니가 같은 병원 영안실을 떠나 공원묘원으로 운구될 예정이었다. 그런데 어머님의 발인을 몇 시간 앞두고 아버지가 가셨으니 부득불 어머님의 장례를 이틀 늦추고 두 분 함께 5일 장례를 치렀다. 아버님은 90세, 어머님은 83세였다.

불가에서는 49일 안에 운명하시면 한날에 가신 것으로 친단다. 그런데도 부모님은 이틀 사이로 저세상으로 가서, 나란히 불화로에 들어가셨으니, 그 연유는 두 분의 금슬이 좋은 것이 첫째이고, 자식들을 위함이 둘째일 것이다.

부모님은 생전에 별 출세하지도 못한 아들자식 걱정을 많이 하셨다. 불가에서 보는 죽음은 육신의 멸(滅)이 아니고 다시 태어나는 윤회이다. 부디 우리 부모님, 삼악도(三惡道)는 피하시고, 천상(天上)에 잘 계시고 있기를 두 손 모아 기도드린다.

아내는 막내 여동생의 친구이다. 남편의 박봉에 고생하며, 평생을 지극정성으로 두 분 시부모님을 잘 모셨다. 어머니는 7년 치매로 고생하셨다. 그런데도 며느리는 방마다 따라다니며 툭툭 떨어지는 시어머니의 똥을 주워댔으니 아들이 뭐라 할 말이 없다.

아내가 시집오기 전에는 교회의 주일학교 교사도 하는 등 독실한 기독교 신자였다. 결혼 전 내가 교회를 찾아 목사님에게 인사를 드렸을 때, 목사님은 "신랑도 결혼하면 예수쟁이 되이소"라고 했다. 나는 선뜻 "그리 하겠습니다"라고 해놓고는 그 후 교회에 한 번도 가지 않았다. 그런데 아내도 가지 않았다. 어머니가 불교이어서 어머니가 살아계시는 동안에는 교회에 가지 않고, 돌아가신 후에 가겠다는 것이었다. 며느리가 일단 양보를 한 것이다.

하지만 이후 아내는 교회에 가지 않았고, 오히려 절에 가면서 《금강경》, 《천수경》, 《지장경》 등을 외며, 가족의 안녕을 빌고 있다. "세상은 인연 따라 흘러가는 것이고, 인생 제행무상(諸行無常: 세상 모든 산물은 늘 돌고 변함)이니 너무 세상사에 일희일비하지 말고, 또한 안 좋은 일이 생기면 좋은 일이 있기 위한 전조(前兆)"라며 늘 가족들을 격려한다.

나는 때때로 지인들에게 "집안에 생불(生佛) 한 사람을 모시고 산다"고 말한다. 아내를 띄우는 허투루 하는 소리가 아니고 사실 나의 진짜 마음이다. 그 생불은 참 싹싹하고 상냥하고, 늘 웃는다. 예쁘기도 하다. 하여 우리 집안에서는 나보다는 아내를 찾는 사람이 많다. 아내의 이런 성품 때문인지 우리 부부는 결혼 이후 한 번의 싸움도 해본 적이 없다. 거짓말 같지만 사실이다.

오래전 내가 "다시 태어나도 나와 결혼할 것이냐?"고 물었을 때 "다시 하겠다"고 했다. 그런데 50세가 넘어가면서 같은 질문을 하면 답이 없다. 그래도 "안 하겠다"는 답이 아니어서 다소 안도한다. 요즘은 겁이 나 물어보지도 않는다.

나는 결혼할 때부터 아내를 친구라고 생각했다. 평생 함께하는 친구로 말이다. 지금도 그 '친구' 생각에는 변함이 없다. 결혼 당시 몇몇 친구들은 "직장을 가진 여성과 혼인을 하고 싶다"는 등의 맞벌이 부부를 말하곤 했지만 나는 절대 동의하지 않았다.

인연이 되면 직장을 가진 여성과도 맺어질 것이고, 아니면 그만인데, 굳이 그것을 일로 삼아 해서는 안 된다고 생각했다. 또한 이렇게 말하기도 했다. "신랑 각시 두 사람이 벌어 재벌 된 사람은 본 적이 없다. 재벌은 남자 혼자 힘으로 되더라"고 농담 삼아 이야기했다.

그래서 나는 늘 아내를 친구로 생각한다. 실제 나이 들어 아이들이 독립해 나가고 보니 그러한 생각이 더욱 절실해졌다. 부부 서로를 지켜주고 의지할 사람은 남편, 아내 둘 뿐인 것 같다.

그 '친구'는 요즘 남편의 건강 걱정을 많이 하며, 수시로 운동을 시킨다. 아내는 오랜 요가로 단련되어 거의 '강사'급 수준이다. 그래서 나이 든 지금에는 "어떤 농사보다 '몸 농사'를 잘 짓고 관리를 잘해야 한다"며 남편의 운동 교육을 시킨다. 아이들에게 짐이 안 되려면 몸에 이상이 없어야 한다고 본단다. 덕분에 나는 그나마 몸이 심하게 굳지 않고 조금이나마 유연해져 있다고 생각한다.

나는 차남이나 형님이 일찍 돌아가셔서 '장남'이 되었다. 마누라는 이런 남편을 보고 "차남이라 해서 시집왔더니 장남이더라. 속았다"고 말한다. 그래 맞다. 알고도 속고 모르고도 속은 것이지만은 속은 것은 맞고, 알고도 속아준 마누라에게 감사할 따름이다. 이런 가족 관계로 우리 부부는 84년 결혼 후 잠시 부모님과 떨어져 살다 합가하여 부모님이 돌아가실 때까지 25년간을 함께 살았다. 평생 부모님을 모시고, 가족들을 지켜준 아내에게 나는 늘 미안하고 고맙게 생각한다.

나는 태어나 지금까지 살아오면서 내린 수많은 선택과 결정 중 가장 잘한 결정은 아내와의 결혼이라고 생각한다. 한 번도 후회를 해본 적이 없다. 물론 결혼이란 나 일방의 결정으로 성립되는 것은 아니지만, 최소한 나의 결정만큼은 다시 태어나도 지금의 아내를 선택, 결혼하겠다는 말이다.

2021년 결혼 75주년을 맞은 카터 전 미국 대통령은 퇴임 후 "재임 중 내린 어떤 정책보다 부인 로잘린 여사와의 결혼이 가장 잘한 결정"이라고 회고했다고 언론에서 전한다. 그러고 보니 나는 아내 사랑에 있어서는 미국 대통령급(?)이 아닌가 싶다(ㅎㅎ). 세상에 아내라는 이름은 언제 들어도 편안하고 아늑하다. 내가 가장 사랑하는 영원한 친구이다.

근심 걱정을 사서 하지 말라, 스트레스 제로의 삶을 추구하며

스트레스가 없는 생활을 할 수 있을까? 아마도 불가능할 것이다. 우리는 생활을 하면서 정신적, 신체적으로 각종 스트레스를 받고 산다. 근심 걱정이나 갈등, 불안, 초조 현상이 있을 때 스트레스를 받는 것은 당연하다. 그러면 마음이 지극히 편안한 상태에서는 스트레스를 전혀 받지 않는가? 그것도 아닐 것 같다.

사회생활을 하는 모든 사람들은 크고 작은 스트레스를 받고, 스트레스에서 자유롭지 못하다. 거의 태생적 현상으로 보는 게 맞을 것이다. 숨을 쉬는 한 스트레스는 수반된다. 다만 스트레스의 양을 줄이는 노력은 필요하고, 그 노력의 강도에 따라 스트레스의 조절이 가능할 것 같다.

보통사람이 하는 걱정의 40%는 절대 일어나지 않는 것이고, 30%

는 이미 일어났던 것이고, 26%는 사소하거나, 어찌할 수 없는 것들이라 한다. 나머지 4%가 우리가 대처할 수 있는 진짜 사건들이라 했다. 결국 걱정의 96%는 불필요한 것들이다. 그런데도 걱정의 대부분을 마치 내가 짊어지고 해결하는 양 고민을 하니 스트레스가 늘어나지 않을 수 없다.

여기에다 무슨 소리를 들으면 부정적인 생각부터 먼저 하게 되고, 긍정적인 생각은 잘 하지 않게 되는 경향이 있다. 과잉 걱정이요, 과잉 근심이다. 나이 들어 이러한 부정적인 생각은 뇌의 노화를 가속화시키고, 심장을 불편하게 하는 등 몸에 안 좋은 요인들인데, 이러한 현상을 잘 피해나가지 못하고 있다.

물론 적당한 스트레스는 몸의 긴장감을 유지하는 긍정적인 측면도 있다. 하지만 장년층들은 이 스트레스를 벗어난 심신의 편안함이 노후 건강을 위해서도 좋을 것이다. 잘못 관리하여 '아차' 하는 순간, 위험한 상황에 다다르게 된다. 나는 정비석의 《산정무한》 중 다음의 문구를 좋아한다.

"천년 사직이 남가일몽(南柯一夢, 꿈과 같이 헛된 한때의 부귀영화)이었고, (마의)태자 가신지 또다시 천년이 지났으니 유구한 영겁(永劫, 영원한 세월)으로 보면 천년도 수유(須臾, 짧은 시간)던가. 고작 칠십 생애에 희로애락을 싣고 각축하다가 한 웅큼 부토(抔土, 한 줌의 흙)로 돌아가는 것이 인생이라 하니, 의지 없는 나그네의 마음은 암연히 수수롭다"

고교 때 교과서에서 보고 익힌 글이다. 길면 길다고 말할 수 있고, 또한 짧으면 짧다고 할 수 있는 인생의 무상함을 말하고 있다. 천 년의 긴 세월도 짧은 시간에 불과하다. 짧은 생애, 지금의 행복을 마음껏 누리고, 근심 걱정은 미리 사서 하지 말라는 것을 시사한다. 아무리 100세 시대라 한들 이는 일반인이 거의 누리지 못하는 나이이다. 때문에 은퇴하여 노년을 살아가는 사람들은 지금의 행복을 아낌없이 즐기면서 살아나가야 한다. 그러지 못한다면 시간이 갈수록 걱정과 후회만 늘어날 뿐이다.

"인생불만백 상회천세우(人生不滿百 常懷千歲憂)". '100살도 못 사는 짧은 인생이 천 년의 일까지 근심한다'. 이 말 역시 근심 걱정을 둘러메고 살아가는 인간의 우매함을 말하고 있다. 전혀 자신의 일과 의지와는 무관한 근심 걱정까지 해대니 스트레스가 안 쌓일 수 없다. 인간의 욕심이요, 인간 스스로 자신의 한계를 모르는 어리석음이다. 불필요한 근심 걱정은 스트레스를 부르고, 스트레스는 병이 된다. 자연과 세상과 인연에 인생을 맡기고 유유자적하게 살아가는 지혜가 필요하다. 그런데 100살도 못 사는 사람이 엉뚱하게 천 년 걱정을 한다. 천 년 세월이 어리석은 인간을 보고 웃을 일이다.

《금강경》은 이렇게 말한다. "물이 그릇에 따라 모양을 바꾸듯 인연 따라 그때그때 바뀌어야 문제가 없습니다. 인연 따라 사는 삶이 집착이 없는 삶이고, 그것이 무위의 삶입니다".

"결과에만 집착하는 한 과정은 힘들고 고통스러운 시간일 뿐입니다. 지금 이 순간의 시간이 나의 삶입니다. 지금 여기를 떠난 삶은 존재하지 않습니다". "인생도 등산과 같습니다. 좋은 것도 내 인생이고, 나쁜 것도 내 인생입니다. 바라는 대로 되는 것도 내 인생이고, 바라는 대로 되지 않는 것도 내 인생입니다. 그처럼 나의 모든 시간이 소중한 내 인생의 일부임을 알고, 순간순간 기쁨을 누리며 사는 지혜가 나를 자유롭고 행복하게 만듭니다".[20]

법성게는 "불수자성수연성(不守自性隨緣成)"이라 했다. 자기 성품(自性)을 고집하지 않고 인연 따라 이루어진다는 뜻이다. 세상 모든 사물과 현상은 본래의 성질이라고 부를만한 것 없이 그때그때 인연 따라 드러날 뿐이다. 인연을 떠나 존재하는 절대적인 법은 어디에도 없다. 이러한 이치를 알게 된다면 아마도 스트레스는 좀 줄어들 것 같기도 하다.

재물이나 명예, 자식, 건강 등을 있는 그대로 다 받아들이고 현재의 상태를 인정해 버리면 마음이 한결 편해진다. 죽을 때까지 세상사를 다 내 손에 쥐고는 있을 수는 없다. 또한 손에 다 들어오지도 않는다. 욕심일 뿐이다. 인연 따라 살면 마음이 좀 편해지지 않을까? 스트레스를 줄이는 한 방편이다. 여기에다 적절한 취미생활과 꾸준한 운동을 함께 하면 훨씬 나아질 것이다.

암 판정을 받은 한 지인은 고민 끝에 마음을 정리했다. "나의 인생 인연은 여기까지…. 초연히 받아들이자" 하며 마음을 비워버렸다. 결정을 내릴 때까지 아픔도 컸고, 죽음도 각오했다. 마음이 편안해졌

---

20 법륜, 《법륜스님의 금강경 강의》, 정토출판, 2012.12, 147, 444쪽

다. 그런데 몇 개월이 지나 검사를 해보니 암세포가 거짓말처럼 사라져 버렸다. 기적이었다. 의사들도 이해할 수 없다며 깜짝 놀랐다. 죽음을 초월한 그의 마음 비움이 암세포마저 쫓아버린 것이다. 스트레스를 줄여 암을 이겨낸 케이스이다.

우리는 이러한 기적 같은 현상을 드물게 보게 된다. 인체의 신비는 21세기 첨단 의학도 다 밝혀내지 못하고 있다. 삶과 죽음의 갈림길에서 보이지 않는 마음의 결정이 얼마나 중요한지 알 수 있을 것 같다. 스트레스가 신체에 미치는 영향을 짐작할 수 있을 것 같다.

얼마 전 유명을 달리한 절친한 친구는 생전에 이렇게 말했다. "친구야, 돈 많이 쓰고, 탁구 열심히 치게". 돈을 아끼면서 스트레스를 받지 말고 형편대로 양껏 쓰면서 건강하게 남은 인생을 즐기라는 말이다. 나는 친구의 말을 유언처럼 생각하고, 이를 실천하려고 노력하고 있다. 탁구장에 가면 친구가 생각나 더욱 열심히 친다.

스트레스 제로의 삶을 살아간다는 것이 어쩌면 불가능할지도 모르겠다. 재론하지만 사람이라면 이를 피해가기가 거의 힘들기 때문이다. 하지만 노력을 해야 하고, 근심 걱정의 굴레에서 벗어나, '내가 아니면 안 된다'라는 의식부터 내던져야 한다. 걱정을 손에 쥐고 있으면 스트레스는 평생 동안 나의 곁에서 떠나지 못하고 머뭇거리며 괴롭힌다. 마음이 문제이다.

과거를 묻지 마세요,
남은 인생, 하고 싶은 것 다 하고 산다

　내가 살아온 인생은 무엇인가? 폼인가? 실리인가? 폼이라고 하면 직위와 명예가 주요 요건으로 포함될 것이고, 실리로는 돈과 건강 등 다시 말해 실속이다. 나는 당연히 폼이 될 것이다. 왜냐하면 신문기자로 평생을 보낸 월급쟁이가 실리, 특히 돈을 번다는 것은 거의 불가능하기 때문이다. 해서 자연히 폼 쪽으로 기울고, 사실 폼으로도 크게 성공을 못 했지만 굳이 구분을 한다면 폼 쪽이 아니겠느냐 하는 것이다.

　사실 따지고 보면 폼으로도, 실리로도 다 성공을 하지 못한 것 같기도 하다. 물론 이런 평가는 비교 대상에 따라 달라지기 때문에 딱 맞지는 않는다. 나보다도 더 폼과 실리를 얻지 못한 사람들도 얼마든지 있고, 또한 비교 자체가 무의미한 일이기도 하기 때문이다. 각기 살아온 인생을 어떻게 비교하고 순위를 매길 수 있겠는가? 엄청 주관적이고 속물적일 뿐이다.

나의 인생은 성공도 아니고, 실패도 아닐듯하다. 좋게 보면 무난한 인생이고, 안 좋게 보면 적극적 노력과 결단을 하지 않은 무사안일이다. 좀 더 강한 의지를 갖고 땀을 더 흘렸어야 하는데, 그러지 못한 데 대한 일말의 후회이다.

하지만 양쪽 면에서 다 성공한 사람이라 할지라도, 자신의 인생이 충분했다고 생각하는 사람은 없다고 하니 너무 실망은 하지 말 일이다. 세상에 자신의 인생이 완전 성공했다고 자신하는 사람은 사실상 없다고 봄이 맞다.

그래도 나는 "저 사람은 인생을 잘 살았는가?" 하는 나에 대한 주변의 평가가 궁금하다. 여기에서 말하는 인생이란 굳이 돈과 실리는 아니다. 그냥 주변과 사회에서 받는 일반적이고 인간적인 평(評)이다. 이 역시도 호불호가 엇갈린다.

나는 나에 대해 (민망하게도) 은근히 관대하지만, 타인의 나에 대한 평가는 그렇지는 않은 모양이다. "꼼꼼하고, 뻣뻣하고, 유머 감각 없고, 리더십도 부족하고, 이기적이고…". 그럼에도 나는 나에 대해 긍정평가를 해준 기억만 선명히 남아 있다. "그 사람 참 괜찮아, 일 잘하고 능력 있고, 책임감 뛰어나, 정직 솔직해, 기자로서 그런 사람이 어디 있어?".

그래도 나는 자평해 보건대, '괜찮은 사람이다' 쪽에 50%에서 1%

라도 더 주고 싶다. "남의 눈 속에 있는 티는 보면서 네 눈 속에 있는 들보는 왜 깨닫지 못하느냐?"는 말을 들어도 말이다. 나대로의 일방적인 생각이다. 나이 들어서는 '나대로'의 이런 생각이 좀 중요할 것 같다.

그렇지만 다 부질없는 이야기이다. 지금 와서 내가 "잘 살았네, 못 살았네", "평이 좋네, 안 좋네" 하는 것이 무슨 의미가 있을까? 인생 재활용도 안 되고, 다 허물고 다시 짓는 '재건축'도, 대폭 수리하는 '리모델링'도 안 된다. 그저 남은 것은 지나온 과거가 아니고, 앞으로의 미래일 것이다. 미래를 어떻게 사느냐가 중요하다.

그래서인지 나는 어느 날 이렇게 마음을 굳혀 먹어보았다. '이제 남은 인생 얼마나 되나? 내 '쪼대로' 살아야겠다. 내 식대로, 내 소신대로 살아봐야지, 남의 눈치 보지 말고. 폼이고 실리고 다 던지고 나 자신의 지금의 행복을 위해'.

행복과 희망을 미래에 예치하기는 아마도 어려울 것이다. 한 치 앞을 내다보지 못하는 인간이기 때문에 그렇다. 어느 날 안타까운 내용이 카톡에 들어왔다. 직장인 부부가 노후 생활을 위해 무척이나 절약했다. 그런데 한 사람이 정년을 앞두고 세상을 떠버렸다. 계획했던 해외여행도 전원생활도 다 물거품이 되어버렸다.

무엇이 중요한 것인가? '하고 싶은 것, 행복하게 살고 싶은 것, 바로 지금 하라'이다. 보고 싶은 사람 지금 보라, 가고 싶은 곳 지금 가라. 내일의 날씨는 느닷없이 흐려질 수 있다. 내가 바라는 바대로 늘

맑고 화창한 것만은 아니다.

나의 이 같은 생각에 친구들이나 동년배 사람들은 공감을 표한다. 맞는 이야기이다. 그래서 나는 나이 들어 '자리'를 위해 치열하게 '탐'하는 사람들은 별로 좋아하지 않는다. 물론 당사자 쪽에서 본다면 적극적인 삶이기도 하다.

그러나 '자리'는 '자리'에 맞는 사람이 앉아야 하고, 과욕 또는 노탐(老貪)의 대상이 되어서는 안 된다. 최소한 '자리'만을 보는 해바라기 장년이 되어서는 곤란할 것이다. 그런데도 주변에는 그런 쪽의 사람들이 종종 보인다.

물론 생업을 위한 건전한 '자리'와 일과 노동은 권장되어야 하고, 이를 차단할 아무런 방법도 없고, 그렇게 해서도 안 된다. 내가 말하는 '탐하는 자리'는 정상적인 생업과는 전혀 다른 별개의 특혜와 탐욕의 개념이다. 100세 시대를 향해 가면서 70세가 되어도 꿈을 꾸고 도전하는 사람도 얼마든지 많이 있고, 이는 당연히 응원해야 할 일이다. 허나 이러한 노년의 꿈과 도전이 특정의 '자리'를 탐하는 욕심과 탐욕과는 엄연히 달라야 한다.

잘나가던 의사가 40대 후반에 의원을 접었다. 이유는 간단하다. "남은 인생, 내가 해보고 싶은 것을 마음대로 해보고 싶기 때문에", 60대 중반이 된 지금에도 "전혀 후회되지 않는다"고 말한다. 집에서는 유튜브로 세계여행을 매일 마음대로 하고 있다. 틈틈이 남을 위해 봉사를 하면 마음이 즐겁고 편안해진다고 한다.

의원을 던졌을 때는 주변에서 말렸지만 이제는 부러워한다. 젊을 때 열심히 일해 적당한 돈을 벌어놓았고, 건강과 취미 활동에 매달리며 하루하루를 여유 있게 보내고 있다. 한가로움이 주는 즐거움을 만끽하고 있다. 물론 스트레스도 크게 받지 않는다. 스트레스는 만병의 근원이다. 스트레스의 축소와 건강의 증진은 비례한다. 건강이 보장되지 않는 행복한 노후는 기대하기 어렵다.

가까운 친구도 "얼마 전부터 사업을 정리하고 있는 중"이라며 "좋은 차도 다 처분하고 편안한 SUV 차량으로 바꿔 '주유천하'하고 있다"고 했다. 산천 유람이 아니라 내가 가보고 싶은 곳에 가보겠다는 것이다. 여태까지 제대로 된 여행을 해본 적이 몇 번이나 있는가? 이제부터 내가 가보고 싶은 바로 그곳을 언제라도 떠나겠다는 나대로의 여행이다.

나의 이런 사례 제시에 "무슨 한가한 소리냐? 배가 부른 모양이야, 할 수 있을 때까지 일을 해야지"하며, 반문하고 성토할지도 모르겠다. 성토를 해도 어쩔 수 없는 일이다. 나의 생각이 그렇다는 것이다. 나의 생각, 바로 내 생각대로의 생각이다. 특히 나머지 나의 인생 동안 가장 행복하고 후회하지 않을 수 있는 삶의 방식이 어떤 것인가를 강조하기 위함이다.

  내 마음대로 생각하고, 행동하고, 사랑하고, 머물고, 떠나고, 사귀고, 책 읽고, 취미 활동 하고, 여행하고, 운동하고, 배우고자 함이다. 또한 춤추고, 노래하고, 고함지름이다.

  천지 만물의 모든 행동 중 가장 하고 싶은 것만 골라 해보기 위함이다. 하여 마음의 평안과 잃었던 영혼을 되찾는다. 여러 제약에서 벗어나 해탈감을 맛본다. 만병의 근원인 스트레스에서 멀어진다. 건강과 평온이 한꺼번에 다가온다. 해방감이다. 나 자신을 찾는 자존감이기도 하다. 나의 얼굴을 나의 두 손으로 부드럽게 쓰다듬고 스스로 위로하며 되뇌인다. 아! 잘생긴 내 얼굴, 멋진 나의 인생이여!!

· 에필로그 ·

　　원고를 다 쓰고 보니 시시콜콜한 얘기들뿐이다. 명색이 책이라는 것을 내면서 내 일상의 이야기들만 늘어놓았으니 너절해 보인다. 내 개인의 사생활만 옮겨 적은듯하다. 더욱이나 가족 이야기도 썼으니 개인사에 치우친 듯하다. 부끄럽다. 세상 사람들이 어찌 볼까 하는 두려움도 든다.

　　하지만 어쩌랴. 내가 프로작가도 아니고, 인생의 큰 굴곡도 겪은 것이 아니어서 손에 땀을 쥐게 하는 쇼킹한 체험도 없는데. 그래도 40개 항목을 다 채우고 보니 스스로 대견스럽다는 생각이 든다. 내 형편에 이야깃거리 40개를 채우기는 참으로 어려웠다. 당초에는 50개를 계획했지만 밑천이 바닥나 도저히 불가능해 10개는 줄였다.

　　나는 40개 항목에서 무엇을 썼는가? 나의 살아온 인생을 되돌아보고, 여생을 '나대로', '내 식대로', '즐겁고 당당하게' 살아보자는 심정을 적었다. 거창하게 나의 인생이라고 하기에는 송구스럽고, 그냥 내가 살아온 지난날의 삶의 궤적과 함께 앞으로는 좀 더 눈치 보지 말고 당당하고 즐겁게 살자는 취지이다.

그리고 세상 돌아가는 이야기도 제법 적었다. 뻔한 이야기이지만 대다수 사람들, 특히 장년세대들이 겪는 공통의 일들이다. 원고를 가까운 친구들에게 보여보니 "같은 생각이다"라며 공감을 해주었다. 친구들이 "이것도 글이냐?" 하고 나무랐다면 출판사에 가지 않았을 것이다. 친구들과 나는 동시대에 태어난 사람들이어서 글에 공감했다지만, 다른 세대, 특히 젊은 세대들은 어찌 생각할지 잘 모르겠다. 아마도 그들은 늙어보지 않아서 시큰둥할 것 같다.

하기야 나도 나만은 늙지 않으리라 생각했었다. 그런데 모두 다 늙어갔고, 나 역시도 늙어갔다. 생리적으로 늙는 것은 진작에 알았지만, 정서적으로 늙는 것은 인정을 안 해버렸으니 잘 몰랐다.

이 자연의 진리를 깨달은 것도 책을 쓰면서 배웠다고나 할까. 향후 늙어갈 지금의 젊은 세대들도 나와 같은 생각을 하기도 할 것이다. 젊은 세대들은 처음부터 늙어간다는 사실을 알았으면 좋겠다. 그러면 세상을 좀 빨리 알게 되고, 삶의 자세도 바뀌지 않나 싶다.

인생이라고 하는 것을 되돌아보니 '별것 아니다'라는 것이다. 인생을 한마디로 정리하면 '태어나서 죽는다'이다. 길게 잡아 100세, 80대면 족하다. 이 짧고도 긴 인생을 살면서 천 년을 걱정하니 걱정 근심이 과잉이다. 이러다 보니 스트레스는 반드시 따라오는 것, 피해갈 수가 없다. 우리는 늘 스트레스에 시달린다. 스트레스를 피하려면 즐겁고 긍정적인 생각을 많이 해야 한다. 그래야만 행복의 도파민이 많이 나온다. 이 책이 강조하는 포인트이다.

또 하나의 가르침이 있다. 원만한 부부관계이다. 나이 들면서 아내와 사이가 좋지 않으면 생활도 찌그러들고 만다. 나는 이 점이 노년을 보내는 데 결정적인 역할을 한다고 믿는 사람이다. 해서 별도의 테마를 마련하여 아내에 대한 글을 썼다.

책을 쓰고 보니 출판사의 관문을 통과해야 하는데 과연 원고를 받아줄지 걱정을 많이 했다. 나는 내가 하는 걱정의 96%는 일어나지 않는 것이라고 썼으면서도 걱정이 되는 것은 어쩔 수 없었다. 그게 인간의 한계인가 보다.

가까스로 책은 세상으로 나왔다. 차디찬 광야에 홀로 서 있는 느낌이다. 책이 팔리고 안 팔리고를 떠나 쓸만한 것을 썼다는 평가를 받으면 좋겠다. 그리고 개인적으로는 나의 가족들에게 한 가지 유물을 남기게 되어서 다행스럽다. 아버지가 책을 내면 자식들이 읽고 보관하고, 그 자식의 자식들은 할아버지의 글을 읽게 된다.

나의 아버지는 친필로 쓰신 책을 남기셨다. 집안의 가보로 남겨져 있다. 이제 그 아들은 제법 인쇄기에 건 대중의 책을 써냈으니 발전을 많이 했다. 나는 현재 아버지 세대인 내가 책이라는 것을 남기게 된 것을 매우 기쁘게 생각한다. 훗날 세월이 흘렀어도 자식들은 아버지의 글을 읽고 아버지의 생각과 행동 등 모든 것을 느끼게 되고, 알게 될 것이다. 나는 땅속에 묻혀서도 아들과 딸과 손자들의 책 읽는 소리를 듣게 될 것이다. 졸고를 좋은 책으로 만들어 준 김병호 편집장님, 김재영 매니저님, 배연수 디자이너님 등 '바른북스' 관계자님들에게 진심으로 감사의 말씀을 드린다.

나의 인생
나는
나대로
산다

초판 1쇄 발행   2023. 12. 26.

지은이   조용호
펴낸이   김병호
펴낸곳   주식회사 바른북스

편집진행   김재영
디자인   배연수

등록   2019년 4월 3일 제2019-000040호
주소   서울시 성동구 연무장5길 9-16, 301호 (성수동2가, 블루스톤타워)
대표전화   070-7857-9719 | **경영지원**   02-3409-9719 | **팩스**   070-7610-9820

•바른북스는 여러분의 다양한 아이디어와 원고 투고를 설레는 마음으로 기다리고 있습니다.
이메일   barunbooks21@naver.com | **원고투고**   barunbooks21@naver.com
홈페이지   www.barunbooks.com | **공식 블로그**   blog.naver.com/barunbooks7
공식 포스트   post.naver.com/barunbooks21 | **페이스북**   facebook.com/barunbooks7

ⓒ 조용호, 2023
ISBN 979-11-93647-42-4 03810

•파본이나 잘못된 책은 구입하신 곳에서 교환해드립니다.
•이 책은 저작권법에 따라 보호를 받는 저작물이므로 무단전재 및 복제를 금지하며,
이 책 내용의 전부 및 일부를 이용하려면 반드시 저작권자와 도서출판 바른북스의 서면동의를 받아야 합니다.